W9-BHT-912

Deutschlandreise

Roger Willemsen

Deutschlandreise

Danksagung

Ich danke den handelnden Personen dieses Buches für die Freige-
bigkeit ihrer Mitteilungen, danke Dominik Wichmann, der den
ersten Episoden der Reise eine Ausgabe des »SZ Magazins« ein-
räumte, für seine Unterstützung, danke Till Hermjakob, der mir
den schönsten Rückzugsort zum Schreiben eröffnete, danke
Birgit Kempker, Katalin Deér, Giti Hatef und Kristin Drews für ihre
ideelle Begleitung. Besonders danke ich Anuschka Roshani, ohne die
alles weniger wäre.

4   5   6   7   04   03   02

© Eichborn AG, Frankfurt am Main, 2002
Umschlaggestaltung: Moni Port unter Verwendung eines Fotos
von Detlev Schneider (Danke, Bruder Orchidee! R.W.)
Bezug/Foto: © Cosima Schneider
Lektorat: Wolfgang Hörner
Satz: Fuldaer Verlagsagentur, Fulda
Layout: Cosima Schneider
Druck und Bindung: Clausen & Bosse, Leck
(Eichborn Berlin)

ISBN: 3-8218-0718-0

Verlagsverzeichnis schickt gern:
Eichborn Verlag, Kaiserstraße 66, 60329 Frankfurt am Main
www.eichborn.de

Er lügt wie ein Augenzeuge.
(Russisches Sprichwort)

Ich sitze im Zug und fahre weit weg. Nach Deutschland. Oder besser zu den so genannten »Menschen draußen im Lande«. Aber wo ist das?

Deutschland ist irgendwo oder nirgendwo oder überall: Dieselben Glasbausteine in der Fassade, dieselben gestuft angebrachten Hausnummern, dieselben Garagen und vor den Garagen dieselben Ehefrauen, die ratlos in der Einfahrt stehen und zusehen, wie ihr Mann nach Hause kommt, und nebenan kommt der Nachbar in sein Haus, und die Frauen stehen und fragen sich: Warum kommt dieser in mein Haus zu mir und jener in ihr Haus zu ihr? Lauter Andere und Gleiche, alles anders und gleich, die Sorge, die Liebe, die Einzelhaft.

In Deutschland nach Deutschland zu reisen, das ist die Exkursion zu einer Fata Morgana. Am schönsten ist das Land als Versprechen, weit weg. Ein Weiler unter der Hügellinie, drei rote Dächer und eine Birke, ein Windstoß in den Sträuchern und eine Frau, die zum Wäscheaufhängen unter die Bäume tritt. Gute Menschen, die Milch aus zottigen Viechern melken und vor dem Essen beten. Das unausrottbar Schöne, doch, das gibt es, aber man darf ihm nicht zu nahe kommen.

Vergessen seien die Vorstellungen und Einbildungen, vergessen die böse und spießige, die sentimentale und gründliche, die brütende und metaphysische Nation! Deutschland ist alles, was zwischen neun Landesgrenzen die Netzhaut belichtet. Wer braucht mehr?

Ich reise los im Morgengrauen. Na also: Alles ist schön. Im Frühnebel zögert der Sommer. Doch Bettwäsche liegt schon in den Fenstern, Gleisarbeiter sitzen mit der Thermoskanne am Bahndamm, und der Reisende mir gegenüber durchblättert mit lyrischem Gesichtsausdruck eine Ausgabe von »Coupé« mit der Titelgeschichte »11 brandheiße Orgasmus-Ideen«. Deutschland kann kommen.

Hanne Kleine, die echte unter den alten Eminenzen von Sankt Pauli, unterhält im Keller seiner »Ritze« einen Boxring. Zwischen Plakaten aus den großen Faustkämpfer-Tagen von »Müllers Aap«, Jupp Eltze und dem »Prinzen von Homburg« haben alle trainiert, die im deutschen Boxsport je einen Namen besaßen, und noch heute dringt das Aroma aus Jahrzehnten tätlicher Auseinandersetzung in die darüber liegende Gaststube.

Hanne war groß, als Sankt Pauli noch größer war. Heute ist er selbst ein Klassiker und der Stadtteil will es gerne bleiben. Aber die Gangster heißen nicht mehr »Gamaschen-Klaus« oder »SS-Dieter«, in den unterirdischen Bädern steht noch das Wasser halbhoch, aber Joe Pesci liegt nicht mehr dort. Es kommt die Erlebnis-Gastronomie, es geht das Essen ohne Erlebnis. Trotzdem habe ich einmal morgens um drei in der Speisekarte eines Italieners eine Schutzgeldliste gefunden; zivile Tarife, hundertfünfzig Euro für eine Wäscherei, zweihundertfünfzig für die Videothek.

Am Tresen der »Ritze« hängen schon nachmittags die Stammkunden. Menschliches Strandgut. Die einen verschwinden im Keller zum Boxen, die anderen haken an der Theke eine Frau unter und kommen später allein zurück, bereit für die geistigen Gespräche.

Ein bißchen abseits monologisiert ein arbeitsloser Bühnenarbeiter vor dem dritten Zuhörer in Folge. Die Prostitution, sagt der Arbeiter, ist seine Sache nicht. Vor Jahren besucht er Sankt Pauli, geht gleich in die Herbert-straße – nicht, weil er geil wäre, sondern weil man das so macht –, sucht sich eine hoch gewachsene, trotzdem füllige Blonde aus, will sich »verwöhnen« lassen. Die aber breitet ein Frotteehandtuch über das Bett, kippt seinen Oberkörper rücklings ins Kissen, befreit ohne viele Umstände seinen »Sepp« – so nennt sie ihn wirklich – aus der Hose und sagt: »So, jetzt schaumermal, jetzt schaumermal.« Von da ab kommentiert sie, auf der Bettkante sitzend, jede Regung wie eine Sportreporterin und rüttelt am Ende das bißchen Lust heraus, das ihm bei alledem noch geblieben ist. »Bist ja zuletzt noch ganz gut gekommen«, sagt sie resümierend. »Alle Achtung.«

Auf das Lob kann er verzichten, verläßt deprimiert den Ort seiner Demütigung, kommt aber nach wenigen Schritten an einem Tattoo-Studio vorbei, im Fenster Herzen, Anker, Drachen und asiatische Glücksgötter: Fukurokuju mit dem samenförmigen Kopf, Hotei, Ebisu, Daikoku, Jurojin, Bishamon Benten. Er geht vor dem Souterrain-Fenster auf und ab, im Kopf zwei Gedanken, zur Trillerkette geflochten: »Tätowierungen sind Scheiße«, »Tätowierungen sind Weltklasse«. Nach einer halben Stunde entscheidet er sich für »Weltklasse«, betritt den Raum und läßt sich von einer Vietnamesin ein »J« auf den Oberarm gravieren, »J« für »Jasmin«, die Liebe seines Lebens.

Den Weltrekord in der Disziplin »Schnelles Bereuen eines Tatoos« steuert der phlegmatische Zuhörer bei:

»Joe Wagner aus Birmingham, Alabama, brauchte nach Vollendung seiner Tätowierung nur eine Minute und elf Sekunden bis zu dem Satz: ›Fuck, this was stupid!‹«

»Kann sein«, erwidert der Bühnenarbeiter.

Ein halbes Jahr später jedenfalls ist die Liebe gescheitert und der Bühnenarbeiter wieder in Sankt Pauli. Diesmal schenkt er sich die Prostituierte, geht schnurstracks zum Tatoo-Studio und überredet die Vietnamesin, das Motiv umzuarbeiten: Wo früher die Liebe war, soll jetzt eine Bombe mit kurzer, lodernder Zündschnur entstehen. Wie er leider zu spät bemerkt, ist die Vietnamesin völlig betrunken. Das »J« verschwindet zwar, die Bombe aber fällt fast quadratisch aus.

An der Theke der »Ritze« rollt er jetzt den Ärmel seines Polo-Shirts über eine Schmiererei in vier Farben. Da kann man nicht gratulieren. Auch er mustert seinen Oberarm, als wäre der sein Leben, und sagt: »Letztlich hat mir die Liebe den Arm vermasselt.«

Als ich gehe, ist der Barmann gerade mit einem Kugelschreiber dabei, die Bombe samt der Lunte in ein größeres Oberarmfresko zu integrieren.

Über die Hügel und in die Wälder, über die Dörfer und in die Kleinstadt. Jeder Ort hat noch seine »gemütliche Altstadtkneipe« namens »Funzel« oder »Peters Klause«, der Ramschladen heißt noch »Knüllers Kiste«, der Trödelladen »Sammelsurium«, die Änderungsschneiderei »Nähkorb«.

Die Denkmäler unter den Läden sind eine Generation älter und haben schon mal Mieder in der Auslage oder einen Styropor-Torso mit Feinripp-Exponaten. Wenn man Glück hat, heißen sie »Chevy – Für Sie und Ihn« oder »Robin Sport – Frech und zeitgemäß«. Doch gleich daneben schlägt schon die Neuzeit zu mit dem »City Fit Studio« samt Kardiotraining, Ernährungsseminaren und dem angeschlossenen »Beauty-Nails«-Laden. Weltmarkt Provinz, du bist unterworfen! Der Siegeszug des Körpers hat jeden Flecken erreicht. Jargon und Dienste stammen aus dem 21. Jahrhundert, doch die Menschen dazu gibt es noch nicht.

In der Architektur fehlen Jahrzehnte. In der Sprache auch. Fachwerkbauten stehen am Platz wie Exponate, Gesichter blicken heraus wie aus Faller-Häuschen.

Similia similibus curentur, Ähnliches durch Ähnliches heilte in Mölln zu Beginn des 19. Jahrhunderts der Erfinder der homöopathischen Medizin, Dr. med. Christian Friedrich Samuel Hahnemann. Hat nicht auch Eulenspiegel, der unweit von ihm sein Haus hatte, Schwindelei mit Schwindelei geheilt? Eine Schulklasse, darunter asiatisch und afrikanisch aussehende Kinder, nimmt jetzt sein Denkmal ein, sie küssen Eulenspiegels blanken Daumen oder seinen Fuß, der Klassenrüpel steigt sogar bis auf die Schultern und küßt ihn auf den Mund. Der beste Schwindler.

Man zeigt ihnen auch in der Mühlenstraße das Bahide-Arslan-Haus, mit der flammenden Terrakotta-Skulptur auf der Fassade als Erinnerung an den Brandanschlag vom 23.11.1992. Sie sollen sich, so will es das pädagogische Begleitpersonal, das Feuer vorstellen, die Schreie hören, Mitleid haben. Hier wurde nichts Ähnliches durch Ähnliches geheilt. Eine Krankheit kam hier zum Ausbruch, sagt man ihnen, der »Fremdenhaß«, und den kuriert man? Durch Liebe!, lernen die Kinder. Liebe zu wem? Schwer zu sagen.

Im Erdgeschoß des Hauses läuft der Sender TRT im Fernsehen: Die obligatorische Matrone tanzt und wimmert in Schleiern vor einer vom Boden aus musizierenden Gruppe Männer. Auf der Fensterbank ein immergrünes Usambara-Veilchen aus Kunststoff. Doch in allen anderen Fenstern Puppen, Harlekine, Clowns, so viel Spielzeug, als hätte man das Gebäude von innen mit Plüschtieren ausgestopft. Alles so niedlich, so froh. Wenn das keine Liebe ist!

Die Tafel an der »Internationalen Begegnungsstätte« gleich dahinter: »Ein Ort der Erinnerung, des Nach- und Vordenkens, der Anstösse aber auch des Anstosses Der Vielfalt, des Miteinanders und der Hilfe, kurz: Ein neuer Anfang nach Moelln.« Mölln nach Mölln, plötzlich wird der Ort zu Zeit, zu Vorvergangenheit.

Der neue Anfang des Begegnens hat nur Dienstag und Donnerstag geöffnet. Dann bekommen hier die »nichtintegrierten« Ausländerkinder Nachhilfeunterricht. Heute stehen drei türkische Pykniker vor den geschlossenen Toren und tauschen Pokemons, die japanischen zu 12 Euro, die deutschen zu 4 Euro 50 das Päckchen.

»Seid ihr Geschwister?«

»Sie meinen, weil wir so fett sind? Nee.«

Aber Nachhilfe haben sie dringend nötig. Eine verwahrloste Kittelschürze bleibt stehen, das Haar wächst ihr dreifarbig aus dem Schädel. Hündin Gina riecht an meinem Bein.

»Haben Sie auch einen Hund?«

Anders kann Kittelschürze sich das Geschnüffel nicht erklären.

»Nein.«

»Eine Katze?«

»Nein.«

Sie zuckt die Achseln.

»Die hat'n Schatten«, sagt sie und tätschelt ihrer tattrigen Hündin so energisch den Kopf, dass es dieser den Schädel fast auf den Bürgersteig donnert. »Hatse von mir.«

In der Nachbarschaft des berüchtigten Hauses wird alles symbolisch. Geht man die ungemütliche Straße weiter, kommt man an dem »urgemütlichen Altstadtlokal« namens »Gaslaterne« vorbei und erreicht am Ende »Karl Dunkel und Sohn«, laut Urkunde »Bestattungsunternehmen im Fachverband des Deutschen Bestattungsgewerbes e.V.«. Die Auslage komplettieren ein Angebinde aus Kornähren, eine sterbensmüde Hortensie, eine Kerze, die Bibel, im zweiten Schaufenster ein Evangelien-Buch, aufgeschlagen beim Kapitel »Von dem Tode und dem Sterben«: »Herzlich lieb hab ich dich, mein Heiland«, sagt die Schrift.

Schön geschrieben, doch wer kniet nieder um die aufgeschlagene, vom Sonnenlicht zusammengerollte Seite besser lesen zu können? Wer steht sinnierend vor dem Fenster und grübelt Rat suchend über seinen Tod? Und wer, wer sucht sich überhaupt seinen Bestatter nach dem Schaufenster aus?

Elf Uhr morgens auf Sylt. Jetzt legen die Touristen in ihren Zimmern die Freizeituniformen an: Piratentücher um den Kopf, farbenfroh beschriftete T-Shirts, Adidas-Hemden, atmungsaktive Turnschuhe, Baseballkappen, jetzt kommen sie in die Lobby wie die berittene Polizei: Wo ist hier die Erholung?

Die einsamen, vom Luxus verzogenen Hotelgäste, die im Garten zwischen den Volieren ihre Cocktails trinken, beneiden in ihrer Langeweile heimlich die Angestellten, wie sie von zwei Seiten eine Glastür wischen und versonnen dabei reden. Das Leben könnte so leicht sein. Die Arbeiten greifen so gut ineinander, während die ersten Gäste schon um sieben Uhr im Laufschritt durch die Halle kommen und abends abwesend vor sich hinsehen: Teil einer Industrie, die sie zu Sommerfrischlern verarbeitet.

Manchmal stehen sie auch einzeln an der äußersten Spitze des Hotelgeländes und baden in Verlegenheit vor der Aussicht. Sein Trauma erlebt der Reisende, der feststellt, das er von nichts bewegt wird, einen Zweck seiner Reise so wenig finden kann wie den seines Arbeitslebens, das er ertrug, um sich die Reise zu ermöglichen. Im Grunde aber, schießt es ihm durch den Kopf, ist alles noch schlimmer: Wenn das Leben nicht aus Dingen bestünde, die einem das Leben erleichtern sollen und hinter denen man lebenslänglich her ist, man wüßte gar nicht, warum man leben sollte.

Dann wendet er sich um und schaut aus nach der Eheprostituierten, die er sich vor Jahren leisten konnte, als er in die Gehaltsklasse der gehobenen Sylt-Wochenenden aufstieg. Inzwischen ist er der Typ Mann, der den Punkt nicht mehr finden kann, an dem er die Frau braucht. Er sieht sie gerne an, hält sie aber nicht aus, zumal seit er weiß, wie gut sie sich ersetzen lässt. Die Frau kompensiert ihre Vernachlässigung durch derbe Redensweisen. Eben sagt sie, laut genug, um auch jenseits des eigenen Tisches Wirkung zu zeitigen:

»Mein Arsch ist mein Kapital.«

Ihr Mann ist ihr ebenbürtig, deshalb hört man auch einzelne Sätze seiner Antwort.

»Du bist nur im Sitzen gut … im Stehen ist dein Arsch zu groß … du gehst keine drei Schritte ohne Brille …«

Eine Frau, die vor dreißig Jahren einmal ein Feger war, aber es immer noch versteht, mit ihren Blicken drei älteren Herren zu schmeicheln, eine Konversation zu treiben, die Männer in eine Stimmung des Konjunktivs zu versetzen: Und wenn man ihr durch den Kellner ein Glas schickte ... wenn sie lächelte ... hinüberwinkte ... Man mag sie für diese etwas in die Jahre gekommene Begabung, eine Stimmung der Promiskuität zu schaffen, für ihre Eleganz, ihre Sicherheit, nicht für die Schönheit ihrer Brüste. Eines Tages hat sie vermutlich durch einen klassischen Roman erfahren, was eine »schöne Seele« ist. Das verdarb ihr den Charakter.

Aber auch die Männer um sie herum wechseln die Liga. Eines Tages wünschen sie nicht mehr, daß man ihnen Potenz ansieht, sondern Solvenz – was übrigens auch leichter ist: Am Tag, an dem er gelernt hatte, an seinem Revers einen Füllfederhalter aus 935er Silber zu befestigen, befestigten sich an ihm doppelt so viele Blicke.

Trotzdem hat es immer etwas Rührendes, wenn ein Mensch an einem anderen hängen bleibt, irgendwo in einer Landschaft, wo ein Mann von einer Frau von hinten auf die Tonsur geküßt wird und lacht, und irgendwie wissen ja beide, wie sie von ihrer Zeit und ihrem Mangel auf diesen Fleck gespült worden sind. Von da ab halten Luxus und Lüsternheit sie zusammen: Irgendeine, die nicht weitergehen wollte, irgendeinen, den es aus anderen, eigentlich oberflächlichen Gründen bei ihr festhielt, und so machten sie beide ein Leben daraus.

Die Augen einer Ehefrau, die hart und enttäuscht zu träumen begonnen hat. Allen Goldschmuck trägt sie und das schwarze schmale Kleid mit dem Dekolletee und den Spaghettiträgern. Sie sieht den Musikern unter der Pergola zu mit wilden, bitteren Augen. Ihr Mann, dieser Schwadroneur im grünem T-Shirt zur blauen Cordhose, sieht nichts von ihren Offerten, spuckt seinen Raucherhusten in die geballte Faust und schlendert ohne ein Wort auf die

Landspitze zu. Seine Frau aber will galoppieren, kühn sein, ihre weißen Zähne zeigen.

Der Kellner ist aufmerksam geworden. Er hat sich angewöhnt, auf Eheringe zu achten, darauf, wie schmal sie sind, ob sie zusammenpassen. Die Ehefrau mit den zu kajallastigen Augen, ihrem auf Fülle toupierten Kastanienhaar, dem Teint einer chinesischen Vasenglasur, zeigt sich verjüngt durch seine Aufmerksamkeit. Was sie tut, tut sie jetzt mit einer Spur Stolz, wozu auch das Hinunterkippen der letzten Tropfen Mojito gehört und das Wiegen der drückenden beiden Ohrringe auf ihrem Handteller. Sie war lange kein Feger mehr, eher eine Dame, in der sich der Feger verkapselt hatte.

Der Kellner mit leerem Tablett dreht zwei Runden um ihre Körperachse. Eine zu viel. Ihr Gesicht verdunkelt sich. Sie hat sich auf ein defensiveres Zeremoniell der Werbung eingerichtet, auf einen raffinierteren Werber, auf etwas Besseres als Personal. Außerdem fühlt sie sich zu alt für diese Choreographie, zu alt mit ihrer pergamentenen Haut, dem schmeckenden Atem. Sie war mal die Geliebte eines Chefs gewesen und hatte nichts davon getragen als zwei tiefe Magenfalten und eine noch tiefere Enttäuschung.

Liebe, hat sie gelernt, ist »Tristan«. In ihrem Alter ist Liebe eigentlich das Einzige, das noch in Betracht kommt, und dies hier wirkte schon beinahe käuflich. Man kauft die Liebe durch Bestechung, Versprechen, Anwendung der niederen Zahlungsmittel von Seele, Leidenschaft, Geilheit. Was bliebe, wäre schwindelfreie, also lieblose Liebe. Ja, sie wünscht sich so ein Gefühl, so sicher wie die Flugbahn eines Gibbons zwischen zwei Zweigen. Was sie statt dessen bekommen hatte, war eine Handvoll überschaubarer Gefühle, zu Haché verarbeitet.

14

Schon dreht auch der Kellner seine Pirouetten vor einem anderen Tisch. Sie wendet sich ab, der kleine amoralische Augenblick ist eben zu Ende gegangen, auch weil der Gatte, übermütig mit den Armen schlenkernd, durch die Rabatten kommt, schon aus der Ferne schreiend:

»Schatz, wußtest du das? Olivia Newton John gibt Tanzunterricht für Transsexuelle.«

Von beiden Seiten der Glastür wischen zwei Bedienstete gerade die frischen Fingerabdrücke ab.

Die wahre Anziehung eines Menschen kommt vermutlich aus seinem unerfüllten Leben, sie tritt aus der Stelle aus, an der der Mangel entsteht. Aber manchmal erdrückt der Mangel alles, und so wie es möglich ist, durch Angst die Sexualität eines Menschen völlig zu zerstören, so kann, was fehlt, all das zunichte machen, was nicht fehlt.

Zwei ungleiche Frauen im Abteil führen Frauengespräche. Die eine trägt statt einem Ehering ineinander geflochtene Goldstränge, eine ärmellose Tüpfelbluse zu Jeans, silbermetallig lackierte Fingernägel. Ihre spröden Haare hat sie routiniert hochtoupiert und aufgeschäumt, der schwarze BH mit Spitzenbesatz blitzt aus dem Blusenausschnitt. Sie wirkt aus Erfahrung sexy, auch abgebrüht, wie von jahrelanger Verachtung für den Mann, die Männer. Besonders unbeseelt sieht sie aus, wenn sie bewußt sexy guckt – so, als der Schaffner herein tritt, um Putensteak mit Rahmchampignons zu empfehlen. Er guckt routiniert servil, sie routiniert sexy, keiner gibt sich eine Blöße. Doch merkwürdigerweise ist ihr linker Unterschenkel von Narben zerteilt wie ein Schweinerollbraten, vertäut mit dunkelroten Bindfäden. Sie kennt Schmerz.

Die Frau ihr gegenüber trägt ein Tweed-Kostüm, das spack auf den Hüften sitzt und wohl nie modern war –

wie seine Besitzerin. Aber die hatte wenigstens ein paar gute Sommer. In ihrem Gesicht muß einmal Übermut gewesen sein, geblieben ist Kleinmut, die Bereitschaft, rasch und kompromißlos zu kapitulieren. Den Weg allen Übermuts ist auch ihr Charme gegangen.

Der Freundin berichtet sie von ihrer Liebe zu einem Stahlwarenhändler. Sie schlafen immer miteinander, wenn er von der Arbeit kommt. Allerdings benutzt er keine Kondome, denn die kosten ihn seine Erektion. Andererseits nimmt sie keine Pille, denn die macht dick:

»Noch dicker!«, lacht ihr Mund, nicht ihr Blick.

Folglich entscheiden sie sich für eine Chemikalie, die man eine Viertelstunde vor dem Akt schluckt. Das Geschäft ist seit einiger Zeit hart für ihn, und wenn er so lange weg bleibt, hat sie meistens zu viel gegessen, bis er nach Hause kommt. Wenigstens sind sie deshalb immer gleich müde, zu müde für die Liebe. Aber weil sich das ganze Schlucken ja sonst nicht lohnt, stellen sie sich jetzt immer den Wecker. Wenn sie dann aufwachen, ist ihnen die Lust meist vergangen. Aber statt sich einfach umzudrehen, bringen sie es noch schnell hinter sich, freuen sich aber mehr auf den Schlaf als auf den Sex. Sie sagt, richtig konzentrieren könne sie sich sowieso nicht, so stark, wie die Chemikalie da unten in ihr schäumte.

Die erfahrene Freundin sagt erst:

»Du sollst dich gar nicht konzentrieren.«

Dann rät sie zu einer Sache, die sie »Vorspiel« nennt und mit der ihre stämmige Freundin offenbar keine Erfahrung hat, schon gar keine gute. Auch findet sie, das könne man einem Mann mit einem solchen Arbeitspensum nicht auch noch zumuten.

Da die Freundinnen in der Frage, was man einem Mann zumuten könne, keine Einigung erzielen können, entscheiden sie sich für das Putensteak mit Rahmcham-pignons und machen sich auf in den Speisewagen. Auf dem Sitz der Erfahrenen bleibt ein Magazin mit Kontakt-anzeigen zurück. Die rot angestrichene Annonce stammt von einem Freier mit sprachlich unbegrenzten Möglich-keiten. Überschrift: »Boy sucht Intimkontakt-Pädago-gin«.

Es beginnt mit Wendungen wie »Träumen tu ich am liebsten zu zweit«, deshalb gehe es vor allem um »Liebha-ben und Streicheln« sowie darum, »Intimitäten bei Musik und Kerzenlicht auszuführen, für besonders herausragen-de Momente«. Unter solchen Voraussetzungen sei Boy »bereit, eine schwarzhaarige Partnerin – auch Nicht-Deutsche – zur Auserwählten zu machen, Auto etc. sind da.« Damit man sich richtig verstehe, betont er an-schließend, gesucht sei eine »Lady, die in der Lage ist, die Materie wirkungsvoll an den Mann zu bringen«, denn ei-gentlich möchte »Boy liebeshungrige Frau an sich ziehen, um bei zwischenzeitlichen Begegnungen über den engen Körperkontakt hin zur Endlösung zu finden«, »durch an-spruchsvolle Bedienung im Intimbereich«. Nach dieser Offensive zieht sich Boy wieder hinter passivische Wen-dungen zurück wie: »die Sache könnte so ins Rollen kom-men, wenn die zärtliche ›Sie‹ an Land gezogen wird«, »über Briefverkehr soll das Kennenlernen eingeleitet wer-den, um der idealen Zweisamkeit zum Durchbruch zu verhelfen,« »es fehlt nur noch ein Foto der Dame, das er-wartet wird.« Zuletzt nennt Boy sich mutig »nimmer-schlapp«, wünscht sich ein »4-Nächte-Abkommen« und bezeichnet sein Genital mit einem Abschluß-Gag als »Pe-nis installatoris, den Lötkolben«.

Die beiden Frauen kommen zurück ins Abteil, sediert von zu viel Fleisch und Sauce.

»Mir fehlt halt so einiges«, seufzt die schwer vermittelbare Freundin des Stahlhändlers, dem Gespräch nachhängend. Die andere schiebt ihr statt einer Antwort dezent das Kontakt-Blättchen zu.

Stundenlang am Zugfenster. Die Landschaft ist freundlich, von ihr gehen keine Appelle aus, keine Befehle. Kaum wendet man den Blick zurück ins Abteil, treffen die Imperative ein. Wird eigentlich in anderen Ländern auch so viel befohlen? Ich soll Drogen keine Macht einräumen, soll Aids keine Chance geben, mein Freund soll Ausländer sein oder ein Ausländer mein Freund, »Nein« soll ich sagen zu Gewalt, Rassismus und Cholesterin und »Ja« zu »Zivilgesellschaft« und »Zivilcourage«, »Ja« zu »Mint« und »Curry«, den aktuellen Sommerfarben, »Ja«, mir wird ganz anders, ich soll mir das Glück herrubbeln, denn Unglück schläft nicht, die Unfälle im Haushalt nehmen zu und die Dunkelziffer ist noch höher, das ist einfach die Natur der Dunkelziffer, so wie es die Natur des Einzelfalls ist, »kein Einzelfall« zu sein.

Und was, wenn ich plötzlich gar nichts mehr soll: nichts wissen, nichts vermuten, nichts argwöhnen? Nur erinnern: Hier war mal Geschichte! Erst kommen Sie durch eine Neureichensiedlung, wo sie endet, ist die Straße nicht mehr makadamisiert, jetzt folgen Natursteinbepflasterungen mit üppig wachsenden, nein, »Unkräuter« sagt man nicht, »Unkräuter« ist eine Diskriminierung wie »Hasenscharte«, es heißt »Wildkräuter« und »Kiefer-Gaumen-Spaltung«. Dann fährt man durch den Schatten zerfallender Rotklinkerbauten, mit Lupinen, die bis zu den Fensterbrettern schaukeln, und während man glücklich zusieht, wie die Vegetation übernimmt und die Kultur den Rückweg in die Natur antritt, sagt der Zugchef mit getragener Stimme: »Nächster Halt Bad Kleinen. Alle Ihre Anschlüsse werden erreicht.«

Dann atmet der Zug noch zweimal durch und erreicht die Township von Rostock. In den Außenbezirken steigen die Boys zu. Die Baseballkappe lebt noch, die Funk Soul Brothers verlassen ihren Hood. Check it out, Rostock, leiste dir Gefühle, deshalb spielt der langhaarige musikalische Fremdarbeiter auf dem Bahnhofsvorplatz »My Heart Will Go On« auf der Panflöte.

Weltsprache Schnulze, wir verstehen uns in drei Akkorden. Aber Liz Hurley hört zu, mit kühnem Gesicht. »Summertime all the Time«, sagt sie und lehnt mit den erhobenen Armen über dem Strohhut so lässig in ihrem Plakat, orange gekleidet wie eine Flasche, nein, wie *ihre* Flasche Sonnenöl. Um den Bauch ein goldenes Kettchen.

Ja! Mein Herz soll weitermachen und ich will mit Liz ein Herz und Öl sein. Doch die patente Mittfünfzigerin, die in der Straßenbahn meinen Ellbogen erwischt, steht mir plötzlich noch näher. Sie läßt gar nicht mehr los. Ihren Mann hat sie vor dreißig Jahren in der Hohen Tatra kennen gelernt, das muß ich heute ausbaden. Aus den Augen verloren hatte sie ihn, jahrzehntelang, aber nach der Vereinigung folgte sie seiner Fährte und …

»Diese Ehe hätte es ohne den Mauerfall nie gegeben!«

Das wäre schade gewesen, wirklich. Am sinnvollsten wirkt Geschichte immer, wo sie Liebesgeschichten ermöglicht, und allein die Erzählung aus der Hohen Tatra umspannt historische Dimensionen wie die aktuelle historische Ausstellung hier mit dem Titel: »Von den Wenden zur Wende«.

»Sie werden an unserem neuen Brunnen aussteigen«, sagt die späte, glückstrahlende Ehefrau. »Der soll die vier

Elemente darstellen. Furchtbar, sage ich Ihnen, von dem Ding werden die Leute nur noch deprimierter. Wenn es nach uns ginge, dürfte bloß die Taube auf der Spitze bleiben. Bloß die Taube. Das sagen alle.«

Die Taube, die nicht traurig macht, sieht aus wie aus Knete. »Am besten gehen Sie gleich weiter bis zum Brunnen der Lebensfreude. Da sehen Sie, wie wir wirklich sind.«

Ein paar erloschene Punks verkörpern heute die ganze Lebensfreude rund um diesen Brunnen. Dafür feiert der Naturschutzbund die Aktion »Patenschaft für kirgisische Schneeleoparden«, und an ihrem Stand prägt eine liebevolle Französin auch den Punks ein: Eine Plastiktüte zerfällt in zwanzig Jahren, eine Alufolie in hundert Jahren und Styropor zerfällt: Nie!« Sie spricht fett gedruckt: NIE! Die Punks hatten an diesem Tag schon Berührung mit bewußtseinserweiternden Drogen. Was sie zu erwidern versuchen, ist: Wir stehen auf der Liste der internationalen Styropor-Verbraucher ganz unten.

Ein Kiosk mit dem Namen »Der scharfe Imbiß« vertreibt den »Fruchtlutscher, bekannt aus der TV-Werbung«. Doch weil die nächsten Musiker, die in Rostock Auftritte ankündigen, DJ Bobo heißen und Modern Talking, entscheide ich mich aus Gründen der Wiedergutmachung für den guten, aus keiner TV-Werbung bekannten »Dorati Butterkeks«.

Vom »Scharfen Imbiß« aus betrachtet, wirkt die Stadt bevölkert, aber menschenleer. Um die Futterplätze scharen sich ein paar Verlierer der Einheit, Geschiedene, Arbeitslose, zwei Skinheads sind auch darunter, mit blanken Narben in der Kurzrasur und Schweißperlen darin. Alle anderen eilen vereinsamt, aber mit Handy über den Platz, Genossen der New Economy, der Start-Up-Sonne zu!

Die erste Heimkehrerwelle hat den Osten schon vor Monaten erreicht. Gegangen sind die Hoffnungsvollen mit stierem Blick auf all das Innovative des Westens. Zurückgekommen sind sie desillusionierter und »kreativer«. Voller Medien-Kompetenz und Know-How im Kopf, aber ohne Know-Why. Und doch haben sie sich zuerst die wichtigsten deutschen Hilfsverben beigebracht: Das können wir nicht machen, das dürfen wir nicht sagen, das sollten Sie aber wissen, da muß ich Sie enttäuschen …

Sie suchen im Osten wieder etwas, das menschlicher, beseelter ist, und errichten eine Gesellschaft aus Jungen, aus Ökoläden und Fitness-Kultur, Bistros und Esoterika, Second-Hand-Platten und First-Hand-Astrologie. Ihr Glück ist kein Konzern.

Was die Mode angeht, sind die Übergangsjahreszeiten am reizvollsten. Da hat sich noch keine Linie durchgesetzt, und so kultivieren sie durcheinander: das Piratentuch, den Mittelscheitel, die Schlaghose, die Plateausohle, den Fransenlook, die Hüftkette, die Patronentasche, die sommerliche Skiweste, den Military-Stoff-Druck, die roten Hosenträger über dem Ringelleibchen für die Alten und den Senioren-Wickelrock. Nicht zu vergessen der Siegeszug der farbig getönten, randlosen Jennifer-Lopez-Sonnenbrille.

Die Menschen haben den Zeiten-Bruch überlebt und stoßen jetzt immer weiter vor in einen geschichtslosen Raum. Museale Architektur, Neureichen-Funktionalität und dazwischen die faulen Zähne glanzloser Wohnhäuser, die auf Bewährung zerfallen.

Am meisten Zukunft haben Menschen ohne Vergangenheit. Für die anderen sind die Träume ausgeträumt. Erst kürzlich sprang ein Schweriner Lehrling in der Blüte seiner Jahre aus dem obersten Stockwerk eines öffentlichen Gebäudes. Auf dem Anrufbeantworter seiner Freunde hinterließ er den Satz: »Wenn ihr dies hört, bin ich schon im Land der unbegrenzten Möglichkeiten.«

War das nicht hier? Hier, wo die Lage ernster und der Optimismus optimistischer ist, hier, wo die unbegrenzten Möglichkeiten an der Fensterbank eines Hochhauses endeten, hier, wo ein Lehrling seinen Blick über das Panorama schweifen ließ auf der Suche nach einem Grund zum Weiterleben?

Zehn Stockwerke tiefer findet heute die Jahrestagung der Bremer Firma »Profit and More« statt. Und »More«, heißt das Steinreichtum? Stinkendreichtum? Oder, wie man im Westen steigert: Geld bis zum Abwinken, bis zum Gehtnichtmehr, bis Oberkante Unterlippe, bis der Arzt kommt …

Etwa jeder zehnte Einwohner Rostocks ist Student. Wie im 15. Jahrhundert, als die Universität gegründet wurde, organisiert sie Teile des Gemeinschaftslebens. Es ist halb zehn Uhr nachts, als ich die Texte der beiden Tafeln im Foyer abschreibe: »Dem Studenten Arno Esch, 24.7.51 hingerichtet als Opfer des Stalinismus«, und auf der anderen Seite: »Prof. Th. Med. Hans Moral, 1933, Opfer des Nationalsozialismus«. Jetzt ist das Gebäude fast verlassen. Vor dem Zimmer von Prorektor Erbguth und der Altertumswissenschaftlerin Frau Frühauf flucht eine Studentin leise über einem Stapel schwarzer Fotokopien.

Der Seminarraum ist eine Antiquität. Hier hat das 20. Jahrhundert nichts als den unvermeidlichen Overheadprojektor hinterlassen. Der Rest sind Holzbänke, ausgestattet mit Klappsekretären. Wann immer die Studenten hier eintreten, lassen sie ihre Gegenwart hinter sich. An die Tafel hat jemand mit Kreide geschrieben: »Das Jahr

1929: Gipfel und Kreuzweg der Moderne. Kulturwissen-
schaftlicher Diskurs«. Auf der anderen Tafel steht: »Wirklichkeit«. Darunter: »Komik: Parodie – Satire – Ironie«.
Alles wie immer, alles wie jemals und nie. Die Luft ist voller Studentenatem, voller Feuerzangenbowle, die Inschrif-
ten auf den Pulten sind nicht anders: »Willst du liebevoll
verhüten, nimm Melitta Filtertüten«, »Siehst du die Grä-
ber hinterm Klo? Es sind die Raucher von Marlboro«.

So klingt nicht der Tod, nur der Erlebnisstillstand.

Der Taxifahrer kennt das schon: Ein Tourist steigt ein, will
ins Ostseebad Warnemünde, aber schon nach drei Sätzen
über das gute Klima und die weltoffene Stadt Rostock
fängt er von Lichtenhagen an. Lichtenhagen, Lichtenhagen! Als sei es die wichtigste Leistung dieser historischen
Hansestadt, Brandsätze in Ausländerwohnungen ge-
schleudert … nein, unterbricht der Tourist, zugeschaut,
applaudiert zu haben. Korrekt, sehr korrekt, der Herr! Der
Taxifahrer nickt. Aber eigentlich weiß er es besser. Man
darf nicht darüber schweigen, man will nicht darüber reden, also muß man redend schweigen. Inzwischen trägt ja
das so genannte »Sonnenblumenhaus« von Lichtenhagen
zu seinem Lebensunterhalt bei, eine Sehenswürdigkeit fast
und fester Teil seiner Routen, ja seiner Person ist es geworden.

Er wird sagen, wir sind nicht alle so. Der Tourist wird
nicken. Er wird sagen, dass die Polizei überfordert war.
Der Tourist wird nicken. Dann wird er hinzusetzen, daß
sie ja schließlich einen solchen Ausbruch von Haß im
Osten nicht gewohnt waren, dass urinierende Roma und
Sinti auf einem Rasen zwischen Wohnblocks eine Provo-
kation darstellen. Der Tourist wird nicken wie ein Wackel-
Elvis, trotzdem wird der Taxifahrer verschiedentlich Wen-

dungen einstreuen wie »damit wir uns richtig verstehen« oder »mit Verlaub«. Anschließend kommen die bedenklicheren Formulierungen.

Recht hat er trotzdem. Ich sehe noch die Fernseh-Bilder von der Grünanlage, die wir gerade passieren: Polizisten im Laufschritt auf dem Rückzug, johlende Hooligans, Trillerpfeifen, Feuer, auch Leute auf den Balkons, stoisch und wie erfroren, auch Keifende, die den Reportern ihren Überdruß, ihr Satt-Haben, ihr Zum-Kotzen-Finden in die Mikrophone spuckten. Hassen Sie nur weiter, wir sind in Lichtenhagen, wir sind es gewohnt, gehaßt zu werden!

Nur die Sonnenblume auf der Schmalseite des Baus hat ihr Kolorit nicht geändert. Die Fassaden dagegen sind jetzt bunt und adrett. Schillernde Fassaden zu nicht-schillernden Physiognomien. Wo damals Roma & Sinti kampierten, stehen jetzt die Baracken des Kapitalismus. Wir unterwerfen die Leute durch Konsumanreize: Bank, Friseur, Reinigung, Spielsalon – und die obligatorische »Begegnungsstätte«, damit wir wissen, wo wir uns aus dem Weg gehen können. Alles richtig, alles hilflos, doch wo begegnen sich Menschen, für die die Vereinigung ein Unglück war?

Wo eine Wunde klaffte, protzt jetzt ein neudeutsches Ensemble Wesenlosigkeit. Wer will, erlernt das Falten von japanischem Geschenkpapier, belegt einen Flamenco-Kurs oder besucht das Show-Training der Rostocker Barkeeper-Schule. Die Satellitenschüsseln, die die Welt einfangen können, sind groß wie der ganze Balkon. Nichts passiert. Trotzdem stützen sich ein paar Anwohner auf das Fensterbrett und betrachten sich ihre Welt. Ein Fünftel aller Rostocker hat inzwischen die Flucht angetreten. Wer schwanger wird, hätte sich statt dessen besser einen Hund anschaffen sollen.

»Kommt billiger«, sagt der Taxifahrer, der auch einen hat.

Am Abend zieht das Ostsee-Jazz-Festival zwischen die Mauern des Klostergartens. Wie in Gorkis »Sommergästen« kommen sie zwischen den Bäumen daher, wo einer sagt: »Menschen werden kommen, die werden uns wegwischen, wie Blasen auf einer Pfütze.« Doch hier folgen Liebhaber, Enthusiasten, Völkerverständiger, Lokalredakteure und Hobbykeller-Instrumentalisten dem Versprechen auf eine musikalische Reise, und wirklich steht ein malinesischer Bauer auf der Bühne, der daheim mit den vier Frauen seines Vaters und deren fünfzehn Kindern Hirse anbaut und vielleicht einmal im Jahr im indigofarbenen Gewand nach Timbuktu reist, wo seine Waren von den Tuareg in die kriegerische Wüste hinausgetragen werden, in Oasen, wo man sich die Abende durch das Erzählen von Geschichten verkürzt, immer noch, immer noch, auch wenn das Ministerium für wirtschaftliche Zusammenarbeit Timbuktu jetzt ein Internet Café geschenkt hat, wo ein Entwicklungshelfer unter »benutzte Dokumente« was fand? Pornographie, nichts als Pornographie.

Trotzdem. Die Stimme des Sängers erinnert an den Falsettgesang der Pygmäen in der Wüste, seine Instrumente klingen, wie sie heißen: djembé, n'goni, kamélé n'goni. Hochgewachsen in prunkvoll bedruckten Gewändern wirken die Musiker auf der Bühne wie aus einem alten Gemälde getreten. Breit gewachsen in monochromem Freizeit-Look stehen die Besucher davor. Beide Seiten versenken sich in die Betrachtung einer anderen Welt. Beide stieren.

Welche Biographie mußte der singende Hirse-Bauer haben, welche Volte sein Lebensweg schlagen, damit die-

ser Mann eines Tages im Kreise der Seinen vor der Warnemünder Expertin für Thalasso-Kuren gehört werden
konnte, und was mußte das Leben mit der arbeitslosen
Kathrin treiben, die jüngst ein Animations-Praktikum auf
Fehmarn abbrach und hier über den Zaun kletterte, um
der Musik der Sahelzone zu folgen? Drei Caipirinha später
folgt die Antwort:

»Ich schreib jetzt so einen Roman wie ›Sixth Sense‹.
Das machen Schriftsteller doch so. Die reden mit den Leuten, formulieren das ein bißchen um, und dann machen
sie einen Roman draus.«

Recherche also. Am Ende des Abends wird sie mit allen
geredet und mir angeboten haben, mich auf meiner Reise
ein Stück zu begleiten.

Als ich mich beim Gehen noch einmal unter dem Tor
umdrehe, hat die malinesische Background-Sängerin
übernommen: Alles wippt und schunkelt und schmunzelt, nur die Musiker blicken ganz ernst. Der Regen, der
jetzt in dünnen Schnüren fällt, ist zwar nicht subtropisch,
sondern ostdeutsch, aber das Publikum wird immer afrikanischer. Nur Kathrin steht abseits, hält sich mit einer
Hand an einem Kirschbaum fest und telefoniert.

Die letzten Fragen der Menschheit lauten vermutlich:
Wofür halten Sie sich? Wo kommen wir da hin? Und: Was
haben Sie sich dabei gedacht? Doch obwohl an jenem Tag
in Rostock ein Vortrag angekündigt war mit der ebenbürtigen Fragestellung: »In welcher Gesellschaft leben wir eigentlich?«, entscheide ich mich für einen Besuch im Hotel
»Neptun«, dem Wahrzeichen sozialistischer Ostsee-Erholung.

Auf den Fotos der Ehrengalerie posiert Placido Domingo wie ein Kartenkönig, Ulbricht, Stoph, Honecker waren hier und schufen mit einer eigenen Salzwasser-Pipeline die Voraussetzung für das, was heute unter, Jet-, Nebelsprüh- und Erlebnis-Duschen oder in Algen-Packungen endet. Den »Neuen Markt« hätte Honecker vielleicht noch verstanden, aber ein »Wellness-Paket mit Reiki-Energie-Massagen«? Und hätte er ahnen können, dass für Bauern und Arbeiter irgendwann einmal der Körper die wichtigste Errungenschaft der freien Marktwirtschaft sein könnte?

Am Leuchtturm von Warnemünde stehend, zwischen der »Villa Brunhilde«, »Yasmin Mode« und einer »Chicken Bar« namens »Das verrückte Huhn«, sehe ich nur eine Möglichkeit, das Rätsel der neuen Ost-Identität zu lösen: Kathrin klingt noch verschlafen, ja, erschreckt, als sie meine Stimme hört, doch, sie erinnert sich, ja, das hat sie gesagt, ja, das gilt noch, gut, in zwei Stunden vor der Autovermietung.

Und da steht sie dann auch, mit einem sehr kleinen Rucksack und einem sehr großen Fragezeichen im Gesicht, das sie in den nächsten beiden Tagen beibehalten wird. Das Burgunderrot ihrer Haare ist bis auf Schläfenhöhe rausgewachsen, in ihre indische Bluse sind kleine runde Spiegel eingearbeitet. Erst bei Tageslicht sehe ich, wie sommersprossig ihr Gesicht ist.

Wir wählen die Route nach Rügen. Da kennt sie sich aus. Doch finden weder Sonny Rollins »Saxophon Colossus« noch John Coltranes »My Favourite Things« Gnade vor ihren Ohren. Sie werden von »Blumfeld« ersetzt: »Bapapababapapa, ich annulliere das Nichts …« Dass ich sie nicht verstehe, macht die Musik für Kathrin noch kostbarer.

Die Landschaft sagt nichts. Das höchste Bauwerk ist

der Turm des Mc Donalds Drive Ins, sein Logo hängt mitten im Himmel. Hier müßte schon die Gräfin Dönhoff auf Pferderücken von der Kurischen Nehrung über die Hügelrücken galoppieren, die große Historie müßte erwachen. Statt dessen hat DJ Bobo seine schauerliche musikalische Existenz auch bis in diesen Winkel ausgedehnt, die Backwaren werden »täglich ofenfrisch« geliefert und als Kathrin den Kellner »N'abendschön« grüßt, erwidert er wirklich: »Hallihallo«. Ein Jahr noch und sie werden das »Tschüssikowski« beherrschen und »fix und foxi« ins Bett fallen.

Wir setzen uns an den Feldrand mit isotonischen Getränken, russischem Zupfkuchen, Gummibärchen und Frappé im Pappbecher. Kathrin erzählt die Geschichte ihres Lebens als eine Abfolge von Niederlagen, Absagen, Abbrüchen und enttäuschten Erwartungen. Ihre größte Hoffnung ist jetzt die Literatur. Später wird sie mir ein paar Gedichte zeigen, die sie mitgebracht hat. Ich warte geduldig. Sie endet die Erzählung ihres Lebens mit dem Satz: »Ich ärger mich schwarz, wenn ich tot bin.«

Jetzt will sie aufs Land ziehen.

Wir sehen auf dieses Land.

Eine Art Landschaft. Wo man zwischen »Tamoil«-Tankstelle, »Skoda«-Autovertretung, Metallaufbereitung und Windkraft-Gewinnung den Star unter den Schauräumen trifft, das »Autohaus Boris Becker«. Die »Aloha Sommeraktion« ist dort gerade annonciert. Aloha. Doch selbst der Himmel ist wie von Altdorfer, durchschnitten von der Flugbahn eines Storchs. Kornblumen und Mohn wogen am Straßenrand. Aloha: Warum?

»Hier wohnen Träumer«, sagt Kathrin und steuert den Wagen auf eine Datscha zu. Zeitgleich mit einem der Bewohner, einem tätowierten Gerüstebauer, biegen wir auf den Hof. Sie hat früher hier gewohnt und will, mehrere Monate und drei Liebhaber später, am liebsten zurückkehren. Herzlich ist die Begrüßung nicht. »Vorsicht wachsamer Nachbar«, klebt auf der Tür. Der Tätowierte knipst das Licht im Aquarium an, die Guppys spritzen schockiert auseinander. Er präpariert ein Piece auf dem Küchentisch, die Wasserpfeife blubbert feierabendlich, aus den hinteren Räumen dringen weitere Mitbewohner.

Hier dreht sich die Historie noch im alten Scharnier: Der Staat ist noch ein Schwein, das Recht des Einzelnen nichts, und hinter allem, was wir erfahren, erhebt sich der Schatten der Geheimnisse, die wir nicht erfahren und nicht lösen sollen. Sie haben genauso viel Recht wie Unrecht, je nach dem Fleck, auf dem einen das Leben gerade zurückgelassen hat. Verschwörungstheorien? Von wegen. Das ungeschminkte Gesicht der Wahrheit:

Erstens werden die Parkplatzsünder von der Polizei verschleppt, nicht alle kehren zurück.

Zweitens wurden Diana und Dodi im Tunnel exekutiert, denn sie standen einem Waffengeschäft im Wege und Uwe Barschel nahm das Geheimnis zweier Blaupausen mit ins letzte Bad.

Drittens unterwandern die Geheimdienste die Medien, verwanzen die Redaktionen und blockieren anschließend die Sonnenenergie.

Viertens dient selbst die Umstellung auf Sommerzeit nur FBI-Interessen, und Rothschild hat auch überall seine Hände im Spiel.

Ja, es ist wahr: Nur verbotene Bücher sagen die Wahrheit, nur unterdrückte Autoren bekämpfen die Unterdrückung. Man möchte zum Selbstmord-Attentäter werden in diesem Leben! Wenn man nur wüßte, für wen sich das Sterben lohnte. Sie sagen das wirklich und nicht ohne Genuss, denn nichts hält so lebendig wie die Wut.

Siehst du die Hühner und Kaninchen draußen, die Beete und Bäume? Wir leben autark. Gerüstet für Krieg, D-Day und Untergang. Was es heute Abend zu Essen gibt? Hühnchen, ein gutes Glas Wein dazu. Pin-ups verzieren den Giebel der selbst gezimmerten Cocktailbar. Etwas Bürgerliches hat auch die beste Landkommune, und doch gibt es keinen Grund, für den enttäuschten Idealismus der Stadtflüchtlinge mehr Ironie aufzubringen als für den perspektivlosen Materialismus ihrer Gegner.

Wir gehen zu Fuß, überspringen Wassergräben und kommen zum Fluß. Kescher und Reusen im Gras, kleine Jungs in Armeejacken, rotgesichtige Alte, deren weiße Haare unter den Kappen verwehen, zusammen bereiten sie das nächtliche Verbandsfischen vor.

»Ich angle, seit ich denken kann«, sagt der Zwölfjährige. Auf dem Polaroid, das er aus der Öljacke zieht, sieht man einen sehr toten, fast verwesten Karpfen in einer Badewanne. Mein Lebenswerk, will der junge Angler sagen.

»Ein schön gewässerter Salzhering, ein herrlicher Matjes, ein Karpfen …«

»Der schmeckt mir zu modrig.«

»Modrig nur, wenn man ihn falsch ernährt hat. Eigentlich ein herrlicher Fisch!«, ergänzt der Alte. »Wir ziehen alles raus, was silbern glänzt: Plötzen, Brassen, Karpfen, Aal.«

Stunden später werden sich, nicht weit voneinander entfernt, ein paar Verschwörungstheoretiker und ein paar Verbandsfischer an die Zubereitung ihres Erlegten machen, getrennt durch Welten, vereint im Anachronismus.

Durch die Alleen fährt man hier wie durch Tonnengewölbe. Steht die Sonne tief, fällt ihr Licht nur noch flach durch die geöffneten Mohnblätter, bevor sie sich zur Nacht schließen. Das Beige der Ähren, das Mohnrot, das Blau der Kornblumen, alles wird transparent, bevor es ergraut, und die Stille erst bewußt, wenn ein Hund anschlägt.

Aber hinter dem nächsten Hügelkamm liegt schon Ralswiek auf Rügen, das Bad Segeberg des Meeres. Schwarze Wolken quellen über dem Kamm, bengalisches Feuer qualmt hinein, Schreie kommen über das gekräuselte Wasser, dann Schüsse, dann Chöre. Spricht da nicht Elmar Gunsch? Deklamiert da Wolfgang Lippert? Unter der Flagge des Sponsors für urböhmisches Dunkelbier laufen Piraten aus, den pyromanischen wie den Mückentod bekämpfend.

Fischbrötchen in der Hand, stehen die Schaulustigen und sehen nach den paar blühenden Holunderbüschen, hinter denen sich gerade das Finale vorbereitet. Die Generalprobe des Störtebeker-Festivals tritt in den Endkampf ein, drei Schiffe laufen aus, ein Betrunkener verliert seinen geräucherten Aal aus dem Brötchen und springt ihm fast hinterher in die See. Kathrin unterhält sich mit einem Lehrer, plötzlich ins Polnische wechselnd. Nur einzelne Sätze wehen herüber: »Drei Häuser, fünf Stützpunkte«, beschreibt sie ein Dorf. Die Lehrersfrau lacht, der Lehrer monologisiert:

»Königin Luise kommt aus Hohenzieritz.«

»Da war mal ein Rock Festival.«

Das weiß er nicht, aber seine Gattin wird unruhig.

»Sie müssen viel Historisches nachholen«, verabschiedet sich der Studienrat.

Und er viel Zeitgenössisches. Verpasst haben beide, wie der Robin Hood der Meere enthauptet an den Seinen vorbeigetorkelt ist, während der Betrunkene platt am Ufer lag, um im Wasser nach seinem Aalbrötchen zu fischen. Ein Heldengedicht kommt an sein Ende.

Die letzte Lyrik des Tages aber steht im Gästebuch der Pension: »Der du die Berge hast begipfelt, die Buben hast beziefelt und die Mädchen hast gespalten, du mögest dieses Haus erhalten.« Dies schrieb dir, liebe Pension, die SPD-Ortsgruppe Pöppinghausen.

Wir reisen in mein Kinderzimmer. Warum eine Reproduktion vom »Kreidefelden auf Rügen« dort hing, weiß ich auch nicht und mehr als die Schlucht, der dichte Wald, das irisierende Meer beschäftigte mich damals der Greis auf den Knien, der in die Tiefe zu straucheln schien. »Übersteigen verboten. Rutschgefahr«, ist die Antwort. Sie schützt heute das Geländer.

Es steht ein Wald da wie bei Böcklin oder Wagner, aber viel Kreide sieht man nicht. Man steht auf ihr. Auch liegt kein Segelschiff im Meer, nur ein Tanker passiert, und das Meer ist nicht blau, bloß in Atemnot. Romantisch wirkt einzig der vom Blitz getroffene, abgebrochene Baum in der Wand. Die Stimmung ist trotzdem erhaben.

Busladungen kommen und gehen, keine ohne den Satz: »Das muß man mal gesehen haben.« Wenn auch nur kurz. Eine Frau mit dem Gesicht einer Offiziellen, Namensschild am Revers, Klapp-Board in der Hand, will wissen:

»Welches war der letzte Ort, von dem Sie hierher gekommen sind?«

Neunzig Prozent der Besucher antworten richtig: »Der Parkplatz!« Was wird die Fremdenverkehrsbehörde aus dieser Auskunft machen? Ist dies die Geburtsstunde künftiger Erlebnisparkplätze?

»Ist Ihnen das Panda-Emblem aufgefallen?« Als wäre der Kreidefelsen nicht genug!

Mal fotografieren sie von dieser, mal von jener Ecke. Immer Meer. Einer sagt, daß diese Kreide nicht in der Schule verwendet wird, sondern Gips. Ein anderer weiß, die Kreide entstand durch Druck auf Schlamm minus Wasser, ein Dritter hat sich notiert: »Belemniten sind Kopffüßer bestehend aus Schulp und Rostrum.« Fast Poesie. Jeder möchte mal aus Schulp und Rostrum bestehen. Aber wir befinden uns auf Golgatha, der Schädelstätte für Muscheln und Korallen, Armfüßer und Moostierchen. Lebt also trotzig euerm Erstickungstod entgegen, Hydropolypen und Sandklaffmuschel, Horntang, Blasentang, Gabeltang, Vielborster und neunstacheliger Stichling! Die Touristen kehren schon zurück, auf dem Parkplatz erwartet sie ein fliegender Kosmetikhändler mit der Pflegeserie für Senioren. Ihre Gatten gehen derweil zwischen den PKWs durch und reden über Dachgepäckträger.

Hier oben aber ist es noch schön, die Luft riecht gut, der Wald rauscht auch, oder, wie die alte Dame sagt, die ihre Eindrücke seit fünfzig Jahren an diesem Ort zu dem Satz destilliert: »Oben der Himmel, hier der Wald, da unten das Meer, dazwischen der Felsen: wunderbar!«

Nur den Blick, den Caspar David Friedrich malte, gibt es nicht. Was er festhielt, ist aus drei Perspektiven synthetisiert, montiert, dann wurde noch ein Felsen hineinkopiert. Keine Abbildung also, eine Erfindung!

»Ist die Natur denn nicht schön genug?«, fragt eine Dame mit touristischem Aufbegehren.

»Doch, aber das muß so sein«, weiß ihr Begleiter.

Schon damit die Kunst sehnsüchtig bleibt und daran erinnert, was außer Senioren-Kosmetika alles fehlt.

Am Cap Arcona, dem nördlichsten Punkt Deutschlands, haben die Andenkenläden den letzten Zipfel Land wie Bodenbedecker überzogen. Eine Braut wischt sich mit dem Einstecktuch des schwergewichtigen Gatten den Schweiß von der Stirn. Wir fliehen, überqueren mit dem Auto unglücklich einen Singvogel. Es gibt kein Geräusch, und wir drehen uns auch nicht um, aber während wir Cassandra Steen singen hören: »Was immer es ist …«, stellen wir uns den Blutmatsch auf dem Asphalt vor. »Was immer es ist, ich verzeih dir …«

Schlange stehen an der Fähre Richtung Stralsund. Die junge patente Mutter ohne BH hat sich mit ihrem fetten häßlichen Sohn gestritten. Dafür hängt er jetzt mit beiden Armen auf der Handschuhablage, heult, kaut dabei demonstrativ langsam seinen Kaugummi, während sie erregt mit einem kleinen harten Schieber die Taubenscheiße von der Windschutzscheibe kratzt. Ihre Hose ist so orange wie der Overall von Timothy Mc Veigh, und in ihrem Ärger greift sie von außen durch das Seitenfenster und dreht am Radio, bis man eine Coverversion von »Moonlight Shadow« hört, arrangiert für den Einsatz in Schmetterlingsbahnen oder so.

Kaum ist die Stimmung lyrisch, faßt Kathrin den Mut, mir ihr Poesiealbum vorzulegen. »Kathrin, lerne Menschen kennen, denn sie sind veränderlich, die dich heute Freundin nennen, sprechen morgen über dich.« Roswitha aus Finsterwalde hat das in pedantischer Schönschrift zwischen die wattierten Deckel geschrieben. Wo sie heute ist? Wer kann, wer will das wissen? Da schlägt Lena schon ganz andere Töne an: »Das Herz voller Sonne, der Mund voller Lieder, so grüßt dich das Leben, so grüß es wieder!«

Augenblicklich ist der Mund des Lebens ohne Lieder. Selbst die Mutter mit dem Taubendreck-Kratzer hat dem »Moonlight Shadow« den Garaus gemacht. Man hört also nichts als das leise Plärren des dicken Sohnes hinter der Scheibe und das Mahlen der näher kommenden Fähre.

Kathrin reicht mir ein paar Seiten ihrer eigenen fotokopierten Lyrik: »Den ganzen Tag nur Happy Hour / Ich genieße das Gefühl / Und fast zu oft streicht mich so ein angenehmer Schauer / Mal heiß, mal kühl.« Oder: »Ick sitz in ner Kneipe mit deiner Knete und trink ein paar Bier / Ick denk schon an uns, doch jenießen tu ick ohne Dir.« Geschrieben in der »Feuchten Geige« zu Rostock im März 2000.

Als wir uns am Bahnhof Stralsund verabschieden, haben wir länger nicht gesprochen. Die Hälfte der Zuglänge schreitet sie noch mit mir ab, dann umarmen wir uns und sie sagt: »Ich geh jetzt lieber«, und nach ein paar Schritten: »Fahr vorsichtig«. Danach dreht sie sich nicht mehr um. Ein paar Wochen später bekomme ich eine Nachricht von ihr, sie sei jetzt glücklich, habe einen Mazda und einen Job als »Kostümverwalterin und Ankleidehilfe bei einem Travestiekünstler«.

Als in der Bahn ein Mann anfängt, mit seinem Revers zu telefonieren, wechsele ich das Abteil. Mit der Vermehrung der Telefone sind die Entfernungen größer geworden, oder besser, die Menschen bringen viel mehr Zeit bei den Entfernten, Abwesenden zu. Kathrin hat einen kleinen, warmen Schatten zurückgelassen.

Das Gesicht des Busfahrers hat etwas von der Aristokratie eines abruzzischen Bauern. Er hält auf sich, trägt eine

Weste aus gutem schwarzen Tuch, ein weißes Piquethemd, Hosenträger wie vor vierzig Jahren. Ganz früher fuhr er für die Handelsmarine zur See. Aber die Liegekosten für die Schiffe im Hafen waren bald überall so hoch, daß die Kähne nach einem Tag wieder in See stechen mussten. Das machte keinen Spaß mehr.

Dann arbeitete er in einem kleinen Betrieb als Waagenbauer, stellte aus Kupfer und Messing Schalen her und Teile der Feinmechanik – bis die digitalen Waagen kamen und alles kaputtmachten.

Dann blieb ihm nur noch das Busfahren. Das ist gut, der »Freiheit« wegen und weil er gerne beobachtet, wie die Stadt sich verändert, und weil er gerne »mit Menschen« arbeitet. Nein, er ist keiner, der »etwas Besseres« sein will oder sich »zu Höherem« berufen fühlt.

»Aber das habe ich nicht verdient. Ich bin ein einfacher Dienstleister, nicht, aber heute macht mir meine Arbeit keinen Spaß.«

Das hat er nicht verdient.

»Was?«

»Gerade habe ich einen Punk gefahren. Er saß hier vorn, wo Sie jetzt sitzen. Hab mich ganz nett mit ihm unterhalten. Da fragt er mich, wie alt ich bin. 58, sage ich. ›Wie alt bist du?‹, schreit er. ›58? Da ist das Gefühl beim Kacken ja schon besser als beim Vögeln.‹«

Pause.

»Ich bin nicht zu alt für die Liebe«, sagt der alte Matrose traurig.

Doch für solche Sätze.

Soviel Wandel war nie: ein neues Jahrtausend, eine neue Regierung, eine neue Hauptstadt! Da wollen auch wir uns erneuern, sagte das Volk, bestieg Berlins populärste Touristenattraktion der jüngeren Vergangenheit – die rote Besucherbox am Potsdamer Platz – und blickte in die Zukunft: ein Bauloch, vom Besten im Westen. Inzwischen ist die Box entsorgt, der aus der Grube gestiegene Potsdamer Platz findet weniger Bewunderer als seine Baustelle und die Strohfeuer anderer Baustellen, kleinerer, wenig versprechender Baustellen, dehnen sich über die Stadt aus.

Doch weh dem, der Symbole sieht! Was neu tut, altert am schnellsten, und eine Baustelle bewahrt ihren Zauber nur als unerfülltes Versprechen. Ist das Jahrhundertprojekt der architektonischen Manifestation des Wandels in einer urbanen Großstadtarchitektur je aus den Blaupausen herausgekommen?

Wenn Berlin jetzt voller Erwartung ist, dann weil es unfertig wirkt. Zum Leidwesen ihrer Liebhaber aber wird die Stadt ja nicht immer, schwankend zwischen Ruine und Fragment, ihre spätere Vollendung versprechen. Ein halbes Jahrhundert lang kannten wir sie nur als eine vereitelte Stadt. Das hat ihre Individualität geprägt und bei allem Unglück ihren Charakter bestimmt. Eines Tages aber wird Berlin nun einfach fertig sein. Wie soll sich die Stadt davon erholen? Durch eine Kulturrevolution der Metropole vielleicht, »Berliner Republik« genannt?

Wo genug Menschen zusammenkommen, entsteht immer irgendeine »Kultur«, schon durch die Anpassung an den veränderten Lebensraum. Für diese Arbeit braucht Berlin keinen Bundestag und der Bundestag kein Berlin. Aber es hilft, wenn sich die gerade dem Bonner Wasserwerk Entsprungenen den Adel der Zwanziger-Jahre-Metropole verleihen und der Frage entkommen, wo wohl die deutsche Bronx entstehen und mit wie viel Polizeikraft man sich im sozialdemokratischen Deutschland an die Lösung echter Großstadtprobleme machen wird.

Eine Lichtung zwischen den Mauern. Mit ihrer blonden Freundin beobachtet eine Afrikanerin das Treiben rund um den Würstchenstand. Sie stehen am äußersten Bistrotischchen. Passanten äsen wortlos. Die Afrikanerin spricht aufgebracht:

»Im Fernsehen sah ich meine Heimat, die Leute alle auf dem Boden vor der Tür. Sieh mal«, sie schlägt mit der flachen Hand auf den Restauranttisch, »nicht mal das hier ist mein Lebensstil. Mein Gott, du bekommst Heimweh selbst nach den Fliegen.«

Eine »Berliner Republik« sollte geboren werden – was schadet das Träumen? Warum kein neues Neuschwanstein, nebst Globalisierung mit Wannseeblick? Aber hat die Nähe zur Loreley je die Bonner Politik inspiriert? Hatte das polititische Personal, das wie ein Haufen Halbstarker nach Berlin stürmte, je genug Elan für die viel leichtere Aufgabe, Bonn aufzumischen?

Wenn Bonn langweilig war, dann gerade als Spiegel des Desinteresses all jener, deren Lebenserotik aus Berlin jetzt das deutsche Kultur-Gomorrha machen soll. Jetzt aber werden so viele publizistische Mikroskope über dieses Berlin gehalten, dass es ein Wunder wäre, wenn man hier nicht plötzlich die »neue intellektuelle Szene« fände, neue Salons und Werkstatt-Gespräche. Aber haben Sie eine Ahnung von den Intellektuellen Iserlohns? In der Blütezeit von Pragmatismus und Realpolitik soll die Stadt zum letzten Rückzug der Utopie werden: Berlin, die Blaue Blume der Demokraten.

Solches Sehnen, geboren in der Realität deutscher Großstädte, ist romantisch: Der Deutsche will sich wieder mal selbst loswerden und in Berlin sein besseres Alter Ego adoptieren. Zieh um, und du wirst mediterran, denkt er und hofft auf Erlösung.

Muß die Stadt da nicht erst einmal nach Atem ringen? Müssen ihr nicht erst einmal Geld und Geist ausgehen, so dass sie erst einmal zur Hauptstadt der schlechten Laune werden wird? Berlin hatte keine Erweckung aus dem Geist des Parlaments nötig, vielmehr ringt es heute um die wenigen Zonen mit Artenschutz für abweichendes Denken und Gestalten, um die Reviere der Subversiven und der Erneuerer. Die sollen sich jetzt freuen, wenn abends Wolfgang Gerhardt in der Tür steht und die wilde Frische der neuen Hauptstadt-Kreativität schnuppern will? Ist dieses Deutschland, das augenblicklich keinen Begriff so liebt wie den der »Normalität«, nicht viel zu normal, um die Begriffe »Berlin« und »Republik« mit Emphase auszusprechen?

Der Geist des Aufbruchs ist schön, schöner vermutlich als der Aufbruch selbst. Die bloße Erwartung, etwas werde sich ändern, etwas sei verheißen, schafft ein nahezu künstlerisches Klima. Aber wie lange ist es her, dass eine kulturelle Bewegung in Deutschland entstanden, wie lange, dass sich ein Medium mit europäischer Bedeutung in Deutschland erneuert hätte? Nur weil sich der Austragungsort der Politik verschoben hat, soll das Gespenst von Bonn sein Bettlaken abwerfen und darunter die Nation als Kultusgemeinde erscheinen?

Alles wartet, und sei es auch nur auf eine neue Mesalliance von Kunst und Macht. Alles hofft, und sei es nur auf den Einfluss der Fremden, Dissidenten, Exilierten, und da sich diese neue euphorische »Berliner Republik« so anstrengt, Fremdes nicht nur zu tolerieren, sondern zu lieben, müssen wir irgendwie mittendurch: zwischen der Angst, daß die Belastungsgrenze für Inländer durch Einwanderer überschritten ist, der Drohung, den Zugereisten bei schlechtem Betragen das »Gastrecht« zu entziehen, und der Forderung, die Fremden möchten doch bitte zur Berliner Republik ein wenig mehr beitragen als die Angst, in ihr aufzufallen oder, schlimmer noch, Teil von ihr zu werden.

Wer je von der Atmosphäre alter Bahnhöfe berührt wurde, auf denen Menschen, noch ganz mit Fremde behangen, ankommen, um ihren ersten Blick auf das Neuland zu werfen, der sieht der Umwandlung dieser sozialen Umschlagplätze von Hoffnung und Elend in Zentren des Erlebnis-Shoppings mit Widerwillen zu.

Bahnhöfe sind Orte auch, wo jene unglücklich hängen bleiben, die keine Möglichkeit haben, ihre Stadt oder ihr Leben zu verlassen. Der Berliner Bahnhof Zoo hat seine neue Verbraucher-Freundlichkeit mit einer Plakatserie und einem Slogan gefeiert, der da lautet: »Bunte Geschäfte rein. Dunkle Gestalten raus. Aktion Freundlicher Bahnhof«.

Die erste Freundlichkeit des Bahnhofs besteht in der praktischen Trennung von Geschäften und menschlichem Sondermüll; die zweite in einer unanfechtbaren Umschreibung des »Ausländer raus«-Slogans; die dritte in der Annahme, daß dort, wo die Kälte des Konsums am exklusiven Kreis der Beautiful People exerziert wird, automatisch eine Atmosphäre des Wohlwollens und der Herzlichkeit entsteht, während sich das strahlende Bahnhofsfoyer eigentlich nur ein Piktogramm verleiht, auf dem der Nicht-Konsument durchgestrichen wird: Nur Kaufen macht unverdächtig. Die Wartesäle verschwinden oder bleiben den Business-Class-Reisenden vorbehalten, und es gibt keine Grenze zwischen dem altmodischen »Flanieren« und dem neumodischen »Rumlungern«.

Die wirklich dunklen Geschäfte aber werden in der Regel gerade hinter den Fassaden der so genannten »bunten Geschäfte« abgewickelt, und die dunklen Gestalten sind oft solche, die drogenkrank, abhängig von Schwarzmarkt und Prostitution, am Lebensminimum existierend, zu Volksschädlingen erhoben werden müssen, damit das Konsumklima keine Störung erfährt.

Das Volkstransportmittel Bahn emanzipiert sich vom Volk? Wo bleibt das Grundrecht auf »Herumlungern«? Wenn ein Bahnhof ein öffentlicher Raum ist, heißt das nicht, es besteht Zugangs- und Aufenthaltsberechtigung für jeden? Und welche Mission bleibt der Bahnhofsmission, wenn auch sie den Bahnhof verlassen soll, denn sie zieht Bedürftige an? Die Lösung ist nicht ohne Brutalität: Soziale Fragen löst man, indem man asozialen Fragern den Lebensraum entzieht. Am Ende kann man dann auch einen Bahnhof führen wie ein Nobel Restaurant mit Gesichtskontrolle und Etikette.

Man sollte glauben, die Bahn hätte ernstere Probleme, und wo es um Kriminelles ging, reichte bisher die Bahnpolizei. Doch dies Problem ist ernster als ernst, sagt die Bahn, es ist »gesamtgesellschaftlich«, und da ist der Weg kurz von der Solidarität mit den Armen über die Duldung der Asozialen bis zur von »dunklen Gestalten« befreiten Zone mit der Plakette: »Hier waren mal Menschen.«

In dieser Kultur, also auch in den Beziehungen der Menschen untereinander, hat sich der Wert der Verkäuflichkeit derart verselbständigt, dass Menschen schon degradiert werden, weil sie nicht am Warenverkehr teilnehmen können oder wollen. Unvorstellbar, welche Kultur man haben könnte, wenn man an Problemen arbeitet, statt an Bilanzen, wenn also jeder vor allem täte, was er gesellschaftlich für wichtig, und nicht, was er für profitabel hält: Unsere Bücher hätten wirkliche Probleme, unsere

Filme zeigten eine andere Welt, unsere Musik dürfte sich vom Ohrenschmaus emanzipieren, unsere Nachrichten dürften wieder politisch sein, in unseren Bahnhöfen dürften sogar Bettler lungern.

In dieser Anstrengung wäre der Arme bedeutend durch den besonderen Einfallswinkel der Realität in sein Leben. Als ein Fremder vor dem Kommerziellen und zugleich als sein Opfer könnte er zum Verstehen dessen beitragen, was das Land ist und was es Verschuldet. Am Ende ist sogar eine Gesellschaft denkbar, die sich in ihren Armen gerne erkennt. Wir dagegen erkennen uns nicht, und wenn wir es täten, sähen wir so arm aus wie das, was aus den Bahnhöfen werden soll.

Berlin. Ein Hotelzimmer im fünften Stock, beleuchtet von einer Lichtreklame vom Nebendach. Dazwischen ein abgrundtief aufgerissener Hinterhof, in den die Wäschestücke baumeln und der Müll in kleinen Teilen hinabfliegt. Angeschnittene Häuser mit verdreckten Mauern. Auf den niedrigsten Dächern, drei Stockwerke unter mir, zerfetzte Stoffpuppen, Handtücher, Flaschen, Papiere, Schuhe.

Der Hotelier ein Vertriebener vom Balkan, geizig und immer noch wie besessen von seiner Mutter, die lange tot ist.

»Ja, ich habe meine Mutter geliebt«, sagt er unvermittelt. »Aber immer mußte ich es sagen, es ihr immerzu sagen. Und es ging immer um sie. Einmal rede ich von einer Frau mit schönen Beinen, sie antwortet: ›Ich weiß nicht, ob dir bewußt ist, daß ich als junge Frau ebenfalls sehr schöne Beine hatte. Da habe ich viele Komplimente für gekriegt. Glaubst Du mir nicht?‹ Sie ist sogar in ihr Zimmer gegangen und hat mir ein Foto gezeigt. Da saß sie am

Strand im Badeanzug und ihre Beine lagen so parallel im Sand. Ganz normal.«

Dass er als Kind, ja, selbst als junger Mann, ja, selbst als Erwachsener noch immer gleichzeitig mit seiner Mutter in ein und dasselbe Bett gehen mußte, das rührt mich. Schon ab acht Uhr abends lag er da, hellwach, neben seiner Mutter, und durfte sich nicht rühren, so leicht war ihr Schlaf. Nicht einmal auf die Toilette durfte er, während sie schlief.

Immer mußte er sich »verhalten«, lautet seine Formulierung, wie damals, als er zum ersten Mal nach Paris reiste und einen Ort für seinen Harndrang suchte, ihn glaubte, gefunden zu haben, im Schatten hinter einem Kiosk. Doch kaum hatte der Schlitten des Reißverschlusses seinen untern Anschlag erreicht, bog doch wirklich um die Ecke: Simone Signoret. Und kaufte eine Illustrierte. Einfach so.

»Da habe ich mich so gefreut, mein Lieber, was denken Sie! Kaufte sich ganz einfach eine Illustrierte. Was für ein schöner Tag für mich. Ich habe mich verhalten und es nicht einmal gemerkt.«

Er hängt seinen Erinnerungen nach. Dann wird es wieder ernst: »Aber denken Sie bitte daran, und seien Sie sparsam mit dem Klopapier. Ich kann Ihnen sagen, die Japaner fressen das Klopapier. Weiß der Himmel, was die noch damit machen. Man hängt eine Rolle hin, dreht sich einmal um sich selbst, da ist die Hälfte schon verbraucht. Als koste das alles gar nichts!«

Das Zimmer die Übersetzung des Innenhofs in Innenarchitektur. Bös befleckte Tapete, unter dem Waschbecken staubig behauchter Kachelfußboden, sonst Teppichfliesen mit Resten hineingeriebenen Blutes, die Folgen einer Schlägerei, einer sexuellen Praxis, einer plötzlichen Menstruation? Ein trüb gewordener Spiegel. Der Schrank ohne Fächer, dafür unten mit schmutzigem Papier ausgelegt. Man trocknet sich ab mit einem Geschirrhandtuch. Das Innere meines Buches der sauberste Ort weit und breit.

Es regnet. Weit weg, wo man ein kurzes Stück Straße erkennen kann, laufen Leute gebückt unter Schirme zwischen den Bussen hin und her. Die Straße liegt wie unter einer Matschdecke. Eine göttliche Perspektive: aus dem Dreck über den Dreck in den Dreck.

Gehe zum Klo, besetzt. Der Hotelier humpelt mir auf dem düsteren Flur entgegen: »Da sitzt ein Japaner drin und macht ein großes Geschäft. Sie wissen ja, was das bedeutet!«

Nachdem ich selbst etwa eine Minute auf dem Klo zugebracht habe, ein Klopfen an der Tür, dann die Stimme des Hoteliers:

»Machen Sie Ihre Sache ordentlich zu Ende, dann kommen Sie raus. Hier wartet ein Japaner!«

Das wird wieder Klopapier kosten. Der Japaner trägt nur eine Unterhose und sieht aus wie ein Nacktmull, der sich ins Innere eines Staubsaugers bewegt. Dann sagt er mir leise guten Tag, allerdings auf Italienisch. Bon giorno, dir auch, fernöstlicher Tramp. Wir sind keine Gäste, sondern eine Solidargemeinschaft.

Am selben Abend muß ich den Hotelier in seinem Kabuff aufstören. Denn jetzt ist kein Fetzen Klopapier mehr da. »Das«, röchelt er entsetzt, »das waren die Japaner!«

Noch einmal auf der Reise nach Dresden. Noch einmal der Versuch, jene Kulisse wiederzufinden, in der ich damals den zweiten Schub der Vereinigung erlebte, eine Kulisse, die noch existiert und trotzdem verschwunden ist.

Damals nach der Vereinigung, vor der Verschmelzung, die ausgeblieben ist.

Und sprachlich, Land der Dichter und Denker, was fällt dir ein: »Wessis und Ossis«! Hüben und Drüben? Oder doch vielleicht besser: Schlemmerland und Kummerland? Im Westen: über allen Gipfeln die Neunte; im Osten: Brüder, zur Sonne von RTL2?

Der Ansatz ist falsch, nicht Territorien, sondern Kulturen sollte man unterscheiden. Beim ehemaligen Arbeiter- und Bauernstaat handelt es sich um eine so genannte »hackende Kultur«, die sich die Erde noch nicht durch die Fernbedienung unterworfen hat, von der Hand in den Mund lebt und ihre Kulturäußerungen – Bücher und Bilder – im Wesentlichen auf das Arbeitsleben auf dem Felde, eben mit den Geräten bezieht.

Im Westen dagegen blüht eine typische »sammelnde Kultur«. Die wichtigsten Aktivitäten haben hier mit dem Aufhäufen zu tun. So sollte man sich abgewöhnen, vom »Geldsparen« zu reden. Eher legen die Menschen im Westen Geldsammlungen an, und die meisten dieser Sammlungen überleben die stille Einfalt und stumme Größe ihrer Begründer.

Im Zuge der rasch wachsenden »Pauperisierung« des Ostens ist nun die hackende Kultur mit wesentlichen Elementen der sammelnden durchdrungen worden. Sie hat eine westlich organisierte Hackordnung angenommen, das Land unter neues Management gestellt und den vollbärtigen Bauer und Arbeiter – Ossi sapiens – zum Sammler umgemendelt. Der alte Ossi dagegen, das ist der Patient, von dem der Arzt sagt: Er ist erst gestorben, nachdem ich ihn geheilt hatte.

Am 9.11.1989 sah ich der Vereinigung im alten Grenzland hinter Göttingen zu. »Wahnsinn«, war das Wort der

Stunde, auf beiden Seiten. Immer wieder »Wahnsinn«, »Das ist Wahnsinn«, jedenfalls »unbeschreiblich« oder »unbegreiflich«, aber am ehesten doch »Wahnsinn«. Wie im Liebeslied die Worte immer zu schwach sind, all die Leidenschaft zu fassen, liebten sich Westdeutsche und Ostdeutsche erst einmal sprach- und hemmungslos, aber mit der ganzen Kraft ihres »Wahnsinns«.

Über die Grenzstraßen tuckernde Autoschlangen, Menschen, die ins Leere hupten oder winkten oder Wimpel schwenkten, eingehüllt vom folkloristischen Nebel der Trabant-Abgase, in denen die Gesichter auf- und abtauchten. Sie wissen nichts voneinander und das ist gut so, ein über das heruntergekurbelte Seitenfenster herübergeworfenes »Wahnsinn« sagt alles, und man muß sich eingestehen, dass zumindest der spontane Ausdruck der Identität nur in psychopathologischem Vokabular fassbar ist. Parallel ejakulieren die Schlagzeilen Schwarz-Rot-Blond, unfähig, die seismische Aktivität im Inneren des Menschen, unwillig, die tektonische Verschiebung im Prozess seiner Selbstwerdung aufzufangen. So mußten also im Osten erst einmal die Selbstmordrate und die Einlieferungen in die Nervenheilanstalten stiegen.

Außerdem fehlte dem Bürger im Osten Konsum-Kompetenz. Am Anfang lächelte man noch, wenn man ihn eine Stunde lang bei Mc Donalds sitzen sah, auf Bedienung wartend. Auch war der Wohlstand im Westen für manchen schon fast unfühlbar geworden, andere empfanden ihn gar als bedrückend. Ihn aber jetzt durch die armen Plantagen des Ostens spazieren zu fahren, das brachte einfach den Enthusiasmus zurück in den Konsum, befriedigte die ganze Tengelmann-Emphase von »Gut gekauft – gut gelaunt« und schließlich ließ sich an der fremden Unfreiheit die eigene Freiheit erst wieder genießen.

Eine Zeit lang ließ sich die ehemalige DDR als nationaler Gesindetrakt verstehen, mit dem Brandenburger Tor als dem prachtvollsten Dienstboteneingang der Geschichte. Noch in dieser Konstellation hätten Ossi und Wessi ein herrliches Buffo-Paar abgeben können, wäre da nicht die Geschichte, die keinen Spaß versteht.

Im Westen war man der tiefen Überzeugung, die Vergangenheit der ehemaligen DDR lasse sich am besten in der ehemaligen BRD bewältigen. Und sie bewältigten. Jetzt, da alles vorbei war, wären sie zur Gründung jeder »Weißen Rose« innerhalb der geistigen Demarkationslinien der »Bild«-Zeitung bereit gewesen. Täglich wuchs ihr Widerstand gegen Honecker, dessen Porträt schließlich irgendwo zwischen Hitler und afrikanischem Negerkönig zitternd stehen blieb. Früher hatte man ihn nur unappetitlich dargestellt und den sozialistischen Begrüßungsküsschen den Ruch homoerotischer Männerbünde gegeben. Jetzt aber war jeder schon ein Volksverräter, der in seiner Umgebung auch nur gelächelt hatte. Gerade weil sie verspätet kam, mußte sich diese Kritik jetzt ins Drastische steigern, und so blieb in der Überblendung von Sozialismus und Faschismus zuletzt nichts hörbar als weißes Rauschen.

Der Prozess, der gegen diese DDR angestrengt wurde, zielte implizit auf ihre Haltung zum Tauschprinzip, zum Geld. Die schrie nach Ahndung, und so kehrte man, was den ehemaligen Staat der DDR anging, zunächst die pietätvolle Maxime um: De mortuis nihil nisi male.

Der Ostbürger erfuhr in diesem Spektakel sein eigenes Dilemma. Hielt er sich an Goethe, der die Persönlichkeit als Resultat der Geschichte verstand, dann hatte er keine Persönlichkeit mehr. Hielt er sich an die Ideen des alten Staates, dann stand er mit einem Mal außerhalb der kausalen Welt. Hielt er sich an die der Reformer, fand er sich bald in Kreons tragischer Pose: »Das habe ich nicht gewollt.« Hielt er sich an die Ideen des neuen Staates, war er wenig mehr als Ausschuß, und damit war die Solidarität auch schon zu Ende, die die Wende bringen sollte und die CDU-Regierung brachte und gratis obendrauf eine West-Nation, die sich zum Ratgeber des Ostsektors herausbildete und immer einen Tipp parat hatte: Wie man mit dem Rest-Sozialismus fertig wird. Wohin mit den Pfandflaschen? Was mein Auto über meinen Charakter verrät. Bin ich ein Kuscheltyp? Unglaublich, was sich alles lernen lässt, wenn man einmal die »allseitig gebildete Persönlichkeit« des Georg Lukács hinter sich gelassen hat!

Da hatten sie sich also alle aufgereiht, am 16. September 1990, zu Kohls Heimkehr nach Dresden auf dem Platz zwischen Frauenkirche und Semperoper. Auf der Tribüne formierten sie sich, die kommenden Machthaber in vergangener Politbüro-Ästhetik, Männer aufgereiht in Anzügen, Spalier stehende Personifikationen der Vokabeln, aus denen sie gleich ihre Ansprachen zusammenrühren werden, Vokabeln wie »Wohlstand«, »Sicherheit«, »Leistung«, »Zukunft«, dieselben großen Worte wie früher und wie immer, versetzt mit reichlichem Gebrauch des vereinnahmenden politischen »Wir«. Trotzdem: Kein Einspruch, das einzige Transparent (»Wir grüßen auch die Herren vom BND«) rasch niedergerungen, das Publikum folgsam von Applaus zu Applaus gezogen, abgefragt, nicht mitgerissen.

Ohne Umweltschutz, sprach Kohl, müssen wir zukünftig »in der Atmosphäre die Zeche zahlen«. Und sie haben nicht einmal gelacht. Hörte wieder niemand zu? Das alte Regime mag sich der Propaganda bedient haben, aber was hier verkündet wird, ist auch nicht gerade Information.

Was ist also anders? Ach ja: Die Gattinnen dürfen dabei sein. Als Frau Biedenkopf nach der Rede ihres Mannes – von dessen Menschlichkeit wohl überrascht und spontan überwältigt – der Gattenwange einen Kuss aufdrückt, steigert sich der Applaus zum Donnern. Politik mit menschlichem Gesicht. Es hatte funktioniert, und jeder sollte sehen, wie mächtig der »Atem der Gechichte« in den »Mantel der Gechichte« fährt und ihn nach dem Winde dreht.

Aber setzte sich nicht in Wirklichkeit auch in dieser »sanften Revolution« die traurige Geschichte aller deutschen Revolutionen fort, die diesmal darin kulminierte, dass die Mitglieder eines niederkonkurrierten, zur Abbruchsanierung freigegebenen Staates im verständlichen Wunsch nach besseren Lebensbedingungen die Gelegenheit zur Republikflucht nutzten? Und wären nicht manche lieber noch bis Kanada und Australien geflohen? Weit weniger als Herrschaft des Volkes ist Demokratie Selbstbeherrschung des Volkes. Ihr wart das Volk? Wir waren es auch schon oft.

Noch einmal auf die Straße nach Usedom, entlang der polnischen Grenze. Alles, was man kurz nach dem Mauerfall, sah, war posthum, schon vorbei, das Wohlgefallen an Architektur und Landschaft wie verboten. Und immer noch die einfachen Läden, an denen in einfachen, märchenhaft klingenden Worten stand: »Brot« oder »Kleider« oder »Milch«. Design ist eine Kunst, die vor allem aus dem Wettbewerb entsteht. Ähnlichen Produkten verpasst sie den Nimbus der Unverwechselbarkeit. In den noch unberührten Gebieten fand man deshalb eine gänzliche Abwesenheit von Design. Die Ware wurde noch nicht in den Blick gezwungen wie eine zweite Natur, und dieser Blick wurde noch nicht täglich von durchschnittlich 20.000 Werbeanstößen getroffen, 20.000 Versprechen und Verbrämungen. Man braucht keine Romantik daraus zu gewinnen, aber die Abwesenheit des Luxus, eine Umgebung, in der Produkte schlicht ihre Zwecke erfüllen, löst zwangsläufig Erleichterung aus.

Wo aber Video Worlds und Hair-Treffs schon entstanden waren, da fühlte man bereits die Diskrepanz zwischen der Sehnsucht nach dem Produkt und der Enttäuschung bei seinem Eintreffen. Nur in dieser Welt wird den sanften Revolutionären von nun an das Wort »Revolution« wieder begegnen: in der Küche, in der Hi-Fi, im Schlafzimmer, verbrämt mit der Easyness eines Geredes, auf das man im Osten schon deshalb keine Antwort wußte, weil die Vokabeln fehlten.

Auf einem Platz der Abonnementswerber eines deutschen Schmuddelverlags, der seine Heftchen gratis, aber dosiert unter die Schaulustigen bringt. Eine Sechzigjährige tritt ziemlich fassungslos vor die zwei angebotenen Glanzblättchen mit hingeräkelten Entblößungsmädchen. »Die oder die?«, fragt der Werber und wägt die Hefte. Der Finger der Frau zögert hin und her. »Also die?«, hilft der Verkäufer. Ihr Finger stößt herab auf eine Nackte, die sich die Brüste knetet. »Die«, ruft der Werber. »Na, Sie sind ja 'ne ganz Schlimme!« Die Kundin zockelt davon. Sie wird noch lang genug leben, zu erfahren, was »Freizeitwert« ist, was »Wohlfühlaroma«.

In den kleinen Ortschaften durchgestrichene Straßennamen, helle Stellen, wo problematische Schilder hingen. Jeder kleine Flecken muß wenden, vor einem fernen heiligen Strohsack den Hut ziehen, Farbe zeigen. In den Ferienheimen ist seit dem Einbruch der Touristen aus dem Westen der Klopapierverbrauch »um das Zwanzigfache« gestiegen. Auch Leute, die aus den zugewiesenen Herbergs-Zimmern mit dem Ausruf stürmen: »Wie können

Sie mir so was anbieten!«, tun es nicht, ohne vorher noch
ein paar Rollen mitgehen zu lassen. Und für solche hatte
das Hotel seinen Namen von »Roter Oktober« zu »Baltik«
geändert!

Trotzdem wollten die Leute, da der Kanzler darum bat,
bereitwillig »ihre Erfahrungen mit der Diktatur in die Demokratie einbringen« und »Deutschland« wählen. Denn
das, dachten sie, gab es schließlich zum ersten Mal anzu-
kreuzen. Statt der Einheitspartei also die Stimme für die
Tautologie von Parteien, die da sagen: »Wir sind wir«,
dann aber weiter gehen und die Menschen hier stehen lassen im rührend bedruckten Leibchen mit der Aufschrift:
»Ich war dabei.«

Wenn man sich im Hinterland der alten DDR bewegt,
wird alles fremder. Man fährt wie in eine Wartelandschaft
hinein. Großzügig strecken sich die Äcker in den Nebel.
Wie vernarbt liegt das Land. Der Boden sieht, wo er nicht
abgeerntet ist, sauer aus und grämlich. Einzelne Weide-
flächen sind abgebrannt. Manchmal schiebt sich ein Stück
verwahrlostes Unterholz in den Blick oder Zäune. Oder
Rehe gehen vor dem Nebel über die Furchen oder die
grauen Fasanenweibchen ducken sich unter den Kamm
der Böschung, tatenlos. Riesige Krähenschwärme schaukeln über dem Land. Einzelne Tiere trauen sich auf den
Bahnhof und suchen zwischen den Schienen nach Essens-
resten. Kopftücher und Schiebermützen steigen ein, Frau-
en auf schwarzen Fahrrädern radeln vorbei, Kinder
führen den Hund.

Dann die größeren Ortschaften. Am Bahndamm gehen
die Friedhöfe in die Fabriken über, darüber die Nebel in
Rauchschwaden. Alles scheint in dieser Kulisse vereinzelt.
Worauf warten wir? Dass der Himmel aufreißt, daß die
Fabriken Feuer speien, daß jemand ein Foto macht?

Ich liege diagonal über den ausgezogenen Sitzen. Das Abteil ist blau. Vom Einschlafen der Glieder wache ich auf.

Frankfurt/Oder ist da, eine dieser im Stich gelassenen Städte. Wenn nicht Manfred Wolke hier einen Boxstall unterhielte, wenn nicht der »Spiegel-TV«-Exportschlager »Grenzprostitution« dem Ort das Verruchte verliehe, was wäre Frankfurt/Oder? Eine Stadt, über der die Dunstglocke des Asozialen hinge, der Geruch der Kleinbürger, ein Mahnmal für die »Verlierer der Einheit«.

Und da sitzen sie: zu ernüchtert selbst für Idyllen, zu sprachlos. Alles, was sie konservieren, ist die Kioskkultur. An dieser niedrigsten gastronomischen Form lagern sich die Leute an wie in einer chemischen Verbindung mit freien Wertigkeiten. Bei »King Kebab« dem Ersten stehen die Melancholischen und Bitteren, Männer mit Dosenbier und wenigen, aber tiefschwarz gefärbten Haaren, Frauen in Jogging-Anzügen oder Kittelschürzen, George-Grosz'-sche Kleinbürger-Karikaturen, sie treffen sich, reden aber kein Wort miteinander. Ihre Kleider, das ist die Sprache, in der sie sich lesbar machen wollen. Dieser »Garfield« auf meiner Brust, sagen sie, das bin ich, dieser »Palm-Beach«-Pailletten-Schriftzug, er hat den Schwung meiner Phantasie. Manchmal steckt in der Kleidung mehr Utopie als in der Rhetorik.

Auch die Nahrungsmittel, die man den Menschen aushändigt, sind optimistisch, heißen »frisch« oder »ofenfrisch«, »neu« oder »jetzt neu«, sehen aber nicht danach aus, und die Mimik der Bitternis ist in den Blicken, bevor sie etwas erblicken. Eine Atmosphäre der Enttäuschung steigt von den Parkbänken auf, hängt über den Balkons, dampft aus den leer stehenden Wohnräumen.

Ich steige durch ein zerbrochenes Fenster ein. »Woh-

nung« nennt man das im Westen, doch es ist kaum eine
»Butze«. Nichts als geronnene, archivierte Tristesse. Hier
haben Kinder geschlafen, hier wurden Geburtstage gefeiert, hier ist »Darüber lacht die Welt« angekommen und
Axel Schulz in »Mega Man«. Der hat es geschafft.

Heute wachsen Birken aus der Dachrinne, drei Meter
hoch, Gras hängt über wie Teppichfransen. Die Bindung
ist weg, da fällt auch die Architektur auseinander und befreit Gespenster. Bei einer Krankheit würde man »Depres-
sion« sagen, aber selbst diesen Ausdruck hat sich die Wirt-
schaft einverleibt.

Aber immerhin gibt es noch eine Marx-Büste auf der
Karl-Marx-Straße, der Aorta der Stadt. Wo die Armut am
größten ist, ist auch die Wende unvollständig. Von seinem
Sockel blickt er auf die Kleiderspende des Roten Kreuzes.
Und Heinrich von Kleist wurde hier geboren, in einem
schön renoviertes Haus, Monument der »Märkischen
Dichterlandschaft 2001«. An seiner Tür klebt ein Hinweis
der »Aktion Noteingang«: »Wir bieten Schutz und Information bei rassistischen und faschistischen Übergriffen.«

Muß man tot und bedeutend sein, um in Frank-
furt/Oder so gut zu wohnen? Was dieser Kleist die Stadt
gekostet hat, und zum Dank beherbergt er Ausländer und
kriegt auch noch ein Denkmal. Oder eher einen Sarko-
phag samt einem lyrisch hingestreckten Bekränzten mit
Leier ohne Saiten: »Dem Angedenken Heinrichs von
Kleist«. Sein Blick geht hinüber auf ein Plakat der Ausstellung »Körperwelten« des Herrn von Hagens. Was für Körper, was für Welten?

Andererseits fand hier noch gestern die offizielle Vor-
entscheidung zur Miss-Germany-Wahl statt, Abteilung
Frankfurt/Oder. Ist das nichts? Ein Riesenspektakel, bei
dem die Kandidatinnen in zwei Schauläufen zeigten:

»1. Kleidung nach Wunsch, 2. Palm-Beach-Badeanzug«, und anschließend erhielt jede Teilnehmerin ein Londa-Haarkosmetik-Präsent, während Jury und Publikum gemeinsam entschieden. Das war schön, und erst lange nach Mitternacht ist eine junge Frau aus dieser Gegend ins Bett gekommen, und ihre Träume sind in der Nacht wie eine Sternschnuppe über dem Himmel von Frankfurt/Oder niedergegangen: Ich werde dereinst Axel Schulz treffen, einen Werbe-Vertrag für Socken unterschreiben und, wenn alles gut geht, Frauke Ludowig duzen.

Auch für die anderen wird durchaus etwas getan: Es gibt ein »Asia Bistro«, Wohnungen auf dem Dritten Förderweg, Immobilien mit dem Zusatz »geklärte Eigentumsverhältnisse«, das »O« in »Sun World« trägt eine Sonnenbrille, und die lokale Versicherung verspricht den humpelnden Trinkern, Arbeitslosen, bärtigen Tätowierten, den blähbäuchigen Alkoholikerinnen und abgestumpften Hundehaltern: »Drei intelligente Gewinnstrategien schon bei 50 Euro Monatsbeitrag«. Sie leben und sie reden für eine andere Welt.

Aber auch in dieser hier bettelt niemand. Es hätte keinen Sinn. Und weil es zwar ein Tourismus-Amt gibt, aber keinen wirklichen Fremdenverkehr, löst der Tourist Irritationen aus. Er bewegt sich nicht mit den Schritten des Tagelöhners oder Arbeitslosen. Er sucht was, wendet ein anderes Zeitmaß auf die Kulisse an, sieht eine Fassade hoch, und schon tun es zehn andere, um festzustellen: nie gesehen! Aber wie auch, wenn kein Sommerfrischler da ist, den Blick der Einheimischen zu lenken. Diese betrachten sich niemals selbst, sie werden betrachtet.

Als Fremder sucht man immerzu das Eigentliche, irgendetwas, was hinter allem ist, das Wesentliche, aber man kommt nur durch Fassaden und Tapetentüren.

Manchmal stehen einzelne gehässig renovierte Kleinodien dazwischen, wie um den Verfall noch bewusster zu machen. Der Rest ist Kapitulation. Nirgends sonst wendet die Architektur so schamlos ihre Materialien nach außen: Gips, Bimsstein, Ziegel, Mauerwerk, geborstenes Holz, blätternde Farbe. Was sich hier zum Ensemble versammelt, ist die Baukunst der Niederlage.

Und weiter, hinter die Häuser, der Polengrenze zu. Die Oder, die Unbegradigte, Unvorhersehbare, der auf der polnischen Seite am nächsten Tag das erste von knapp dreißig Todesopfern dieser Wochen zum Opfer fallen wird, die schöne, reißende, gewunden durch die Auen und Gestade rollende Oder, heute mag sie es braun und schmuddelig. Ihre toten Arme enden in Müll, ein schaumiger Film der Rückstände hat die stehenden Ausläufer bedeckt. Drei halbnackte Fischer halten ihre Angel in den Sud. Wer wäre noch erstaunt, Menschen hier zu finden, die mit Handkantenschlägen Kaninchen schlachten?

Es gibt in Deutschland wohl nicht mehr allzu viele symbolische Brücken. Doch diese hier ist wichtig, führt von Deutschland nach Polen und über die Oder-Neiße-Grenze, sicher. Aber mehr noch, ein Grenzübergang, nach Osten zumal, ist in dem Deutschland dieser Gegend immer voller Erinnerung, und so überqueren Frankfurts Einwohner hier täglich die Geschichte. Heute ist die Brücke vor allem eine Konsumgrenze, die Zigaretten, Arbeiter, Frauen in den Warenverkehr einbezieht und um sie alle ein Klima des Halblegalen entfaltet.

Das erste Gebäude auf der anderen Seite trägt auch einen symbolischen Namen: »Disco Pub Europa«. Die Nato-Osterweiterung kommt, Lichter gehen an, Polen wird idyllisch. Angler bewegen sich, mit Gummistiefeln vorsichtig den Boden ertastend, durch das Schilf, ins tiefere Gestade. Das Wasser des Stroms scheint vor- und zurückzulaufen, zu kreiseln und doch zu stehen. Schwalben fliegen tief und wild, das Wetter verfinstert sich. Die in den Fenstern hängen, sagen es hinein in die Wohnzimmer. Der Fischer hat keinen einzigen Fisch gefangen, doch immer mehr Pudel schleppen sich rasiert und asthmatisch über die Promenade. Drüben liegt Deutschland, Aufbruchsland. Versprechen, Versprechen! Alle verlieren gerade ihre Jugend. Die Jugendlichen verkaufen sie, die Alten haben sie lieber vergessen.

Wenn die Sonne untergeht, bewegt sich der Magnet unter den Eisenpfeilspänen. Alles wendet. Nein, es stehen keine Prostituierten auf der Brücke, es fahren auch keine Wagen vor und holen sie ab. Nur ein paar Liebespaare setzen sich in die Mückenschwärme und rauchen, und zwei tätowierte Freundinnen am Wasser tun etwas, das wie der Ausdruck von Verliebtheit aussieht, und aus tausend Düsen wird die Abendluft mit Parfum geschwängert..

Männer aus Frankfurt/Oder kommen jetzt über die Brücke geschlendert, langsam, ziellos, mischen sie sich unter die polnischen Arbeiter in ihren kurzen Hosen und Schlappen. Wenn man in ihren Windschatten gerät, riecht man aber auch ihr Rasierwasser und daß sie sich fein gemacht haben für die Liebe.

Die ist anderswo. Hinter den Büschen, hinter der Flußbiegung, hinter der Fabrikanlage? Eine ganz normale Abendidylle könnte dies sein, aber etwas hat sich verändert. Man kann es nicht sehen, nicht hören, aber man spürt jetzt: endlich Wirklichkeit! Irgendwo, jenseits wurde gerade der Körpermarkt eröffnet.

Jetzt ist der Sommer doch noch gekommen. Das heißt,

die Deutsche Bahn schaltet die Air-Condition ab, entfernt die Getränke aus dem Zug, und die Reisenden wissen nicht mehr, was schlimmer ist, ein Sommer oder kein Sommer.

Die Stadt mit dem altmodischen Namen »Magdeburg« klingt wie die Antwort auf ein Bedürfnis. Da müssen Zugbrücken herabgelassen werden, feste, kühle Mauern müssen da stehen, mit Zinnen darauf und Bossenwerk über dem Fundament. Aber der Zug nach Magdeburg hält nicht in einer Stadt, sondern in einer Shopping Mall.

»Wie komme ich von hier aus ins Zentrum?«

»Durch diese Einkaufszeile müssen Sie durch, dahinter durch die Ladenpassage, dann kommt so ein Einkaufszentrum …«

Die Wahrheit ist, es gibt nur Einkaufsmeilen. Die Stadt ist eine Luftspiegelung, auf die ich ewig zugehen könnte, ohne sie je zu berühren. In Wirklichkeit hat mich der Kreislauf des Warenverkehrs erfaßt. Er spült mich von einer Ladenpassage in die nächste. Wo ich die Stadt vermute, türmen sich Waren auf und hinter Waren neue Waren. Warum also baut man keine Einkaufszentren über sein Bett, warum geht man nicht auf die Toilette und shoppt dabei im Sitzen, warum gibt es noch eine Vernunft jenseits der ökonomischen? Oder gibt es? Gibt es einen einzigen Lebensraum, der nicht gleichzeitig Markt wäre?

Ich hetze zum Bahnhof zurück. Hätte man Magdeburg gesprengt und durch ein Shopping-Ghetto ersetzt, wer suchte noch nach der Stadt? Wer nach dem Schlaraffenland, wenn es davor kein Parkhaus gibt? Für immer bleiben also?

Bloß weiter. Nach Halle. Ich frage einen Mann nach dem Weg. Der Bahnhof ist rechts ausgeschildert, seine Silhouette liegt links. Also stehe ich wie Buridans Esel.

»Können Sie mir sagen, wie ich gehen muß?«

»Da sage ich lieber nichts.«

»Ich suche doch nur den Weg zum Bahnhof!«

»Sie sind hier im Osten.«

»Warum sagen Sie das: weil die Beschilderung falsch ist oder weil ich sie nicht verstehe?«

»Ich darf ja nichts sagen.«

»Aber ich frage Sie doch …«

»Ich darf ja nichts sagen. Wir müssen ja dankbar sein, jeden Tag lese ich es in der Zeitung, wie dankbar ich sein muss. Oh, wie dankbar. Das mit dem Weg überlasse ich Ihnen.«

Und wendet sich weg mit dem Hohn des Siegers.

Vögel, die in der Luft stehen, als handele es sich um einen kinematographischen Effekt, die unter den Krallen einzelne Schneeflocken festhalten, als ihren Wohlstand. Der Schnee der Höhenlagen, der unernste, sommerliche Schnee, der in Schwärmen von Blütenflocken daherkommt.

Eine ältere Dame gefällt mir, weil sie an diesem Sonntagnachmittag zur Musik der Kaffeehaus-Combo übermütig mit den Armen schlenkert. Ja, das ist die Zigeunerfidel, die Quetschkommode, der Schnauzbart ungarischer Okarinaspieler.

Als sie aufsteht, geht sie an den Nebentisch zu einer Gruppe Jugendlicher und sagt: »Tut mir leid, daß ich da eben so ein Theater aufgeführt habe, aber ich habe in meiner Jugend sehr gut Charleston getanzt«, ratlose Gesichter, dann schelmisch: »Aber nicht mit meinem Mann.«

Die Jugendlichen blicken zu ihr auf. Gleichmütig. Ein Mädchen sagt: »Schön für Sie«, aber es ist nicht böse gemeint. Ein Junge wendet den Blick überhaupt nicht von ihr, verzieht aber keine Miene. Was ist schwerer vorstellbar, ihre Jugend oder der Charleston?

Die Alte tritt vor dem Tisch noch ein wenig von einem Fuß auf den anderen, aber es kommt kein Gespräch in Gang. Deshalb geht sie, ein bißchen gedämpfter.

Der Junge steht wenig später auch auf und besteigt einen Bus. Ich wähle den Gangplatz, schräg hinter ihm. Nachdem er eine Weile abwesend aus dem Fenster gesehen hat, entfaltet er einen einzigen Zeitungsartikel, den er aus der Innentasche seiner Jacke gezogen hat. Er legt den Ausriß auf seinen Schoß, sieht lange hinunter, bewegt die Lippen, knüllt das Blatt anschließend in einer Faust zusammen und läßt es doch noch fallen. Sein Gesicht ist so ausdruckslos, als hätte es nichts vom Leben, nichts vom Artikel mitbekommen.

Als er ausgestiegen ist, hebe ich das zusammengeknüllte Zeitungsblatt auf, richtig entknittern läßt es sich nicht mehr. Es zeigt, so behauptet die dreizeilige Bildunterschrift, das Foto einer 115jährigen in Alaska. Sie hat im Gesicht mehr Falten als ein Elefantenbauch, keine Mimik mehr, keine Regung von Lust oder Unlust, vielleicht nicht einmal mehr den Wunsch, an sich selbst festzuhalten. Da ist nur noch Essenz, ein Leben, das flackern muß, weil noch Stearin im Docht ist. Die Bilder gehen in ihren Kopf einen weiten Weg, hinterlassen nur winzige Eindrücke und treten wieder aus. So wirkt das Gesicht, das doch das Ergebnis so vieler Jahre unbarmherziger Gestaltung ist, am Ende ungestaltet und irgendwie geht dieser Blick aus dem Foto hinaus in die Welt, ähnlich wie der des Jungen, der es für kurze Zeit mit sich führte und vielsagend fand.

Ein Bahnhof im Osten. Stimmung wie auf einer Quarantäne-Station, mit Leuten, die aussehen, als träten sie gerade aus dem Ghetto in die Welt. Erstaunt und doch im selben Augenblick enttäuscht, immer noch. Nein, die Verkäuferinnen in den Läden heben nicht einmal den Kopf, erwidern keinen Gruß.

Ins Bodenlose, Sprachlose entrückte Desillusionierung. Bitterkeit, jetzt wohl tiefer als zu jener Zeit, da die Mauer sie vor jeder persönlichen Utopie größeren Maßstabes trennte. Ein transzendenzloses Leben: Wir sind das Volk, waren es oft, wenn es so weitergeht, werden wir es nie mehr sein.

Wenn sich der Tourist ein neues Land aneignet, dann am ehesten über den Komfort-Vergleich: Hier braucht das warme Wasser aber lang, die Möhren schmecken hier aber nach nichts, die Bettdecken knistern, die sind elektrostatisch aufgeladen. Das mit den Verpackungen, das müssen die hier noch lernen.

Auf einer Packung mit zwei Stücken tiefgefrorenem »Chicken Kiew« finde ich die Angabe: »In jedem der beiden Stücke befindet sich ein natürlicher Knochen.« Es entsteht die Vorstellung eines künstlichen Hühnchens mit künstlichen Knochen. So ein Chicken läßt sich beschreiben wie ein Objekt der Orthopädie. Oder es sollen einfach jene belehrt werden, die in einem Hühnchen schon keine Knochen mehr erwarten, oder jene, die im Hühnchen zwar einen Knochen erwarten, aber keinen natürlichen. Handelt es sich also um einen Hühnchen-Doppelgänger mit Knochen-Implantaten aus Titan oder Kautschuk, oder bedeutet »Kiew«, dort haben die Hühnchenstücke noch Knochen, naturecht nachempfundene Knochen? Oder ist diese Zellmasse nichts als Design? Undurchschaubarer Zusammenhang, in dem die Idee eines traditionellen Huhns erscheint als Kompositum zwischen natürlichem Fleisch und natürlichem Knochen. So

kommen Wendungen wie »sonnenreife Tomaten« zu-
stande, »liebevoll gebrautes Bier«, auf dem Weg der Ne-
gation.

In der Zeitung die Anzeige für eine Taschenlampe, die
»80 Prozent heller« leuchtet. Gemacht für Leute, die ihre
Taschenlampen immer schon zu dunkel fanden und gerne
in die Welt hinein fragen: Ist Ihnen Ihre Taschenlampe
nicht zu dunkel? Die Frage weckt das Bedürfnis, und sie
meint noch mehr: Macht Ihnen Ihr Leben noch Freude,
wenn Sie es mit solchen Taschenlampen beleuchten müssen? So fragt der Westen und fragt. Am Ende steht immer
ein »Besser-Schlechter-Verhältnis« und mit ihm ein Verlangen, und ein Expertentum entsteht, ohne Rücksicht
auf Funktion und Bedürfnis. Der Fortschritt ist blind, das
sieht man doch schon an dieser Lampe, und nichts lässt er
zurück als bemeitleidenswerte, unterentwickelte Lebens-
formen. Wer will da noch ernsthaft glauben, »Zukunft«
und »Fortschritt« hätten irgendetwas gemein?

Das eigentliche Gedächtnis des Ostens, das sind die Paläs-
te der Industriearchitektur, von Ranken, wilden Malven
umflochten, die Ruinen von Scharfgarbe und Holunder-
dolden umflort, wie auf den Vignetten von Märchen-
büchern. Nachdem ein Betrieb nach dem anderen einge-
schläfert wurde, entsteht hier eine Widervereinigungs-Ve-
getation, klettert bis in die vierten Stockwerke, vorbei an
den zerschossenen Fenstern, schiebt sich über die Graffiti
und begrünt die verlassenen Schwalbennester: vergangene
Architektur, lagerartig, mit rostig heruntergebrochenen
Eisenträgern, Schmuckformen wie Galerien, Dachaufbau-
ten mit Säulen und Bögen, gefaßten Fenstern wie Schieß-
scharten, einer Fassadengliederung wie in der Sakralarchi-
tektur, Romben, Minaretten, Zierleisten, Schlußfiguren,

Pilastern und Schwibbögen, eingelassenen Metallverzierungen. Halb Wehrbau, halb Repräsentationsarchitektur für Arbeiter, wirkt ein solcher Solitär von einem Bau wie eine Kathedrale des Frühkapitalismus, gebaut zur Verherrlichung der Kraft von Arbeitern, die die Schönheit ihrer Fabrik als Auszeichnung der eigenen Leistung betrachten sollten.

Im Hof aber türmen sich die Betonplatten auf, verschrägt wie auf Caspar David Friedrichs »Die gescheiterte Hoffnung«. Die Kategorie des Erhabenen ausgerechnet auf dem Areal der sozialistischen Arbeit? Halle unternimmt den so plausiblen wie hilflosen Versuch, zwischen den Industriegerippen einen Freizeitpark zu begründen. Kein Mensch da, nicht auf der Schaukel, nicht auf dem Spielplatz, nicht am Schachbrett, nicht beim Fußball, nicht auf den bunten Autoringen, nicht auf dem Basketballplatz, und die Pfützen stehen schon so lange, daß die Kaulquappen darin heranwachsen.

Die neuen Firmen auf dem Gelände heißen »Treugarant« oder »capital direct« und die Sparkassen sind so neu und schön, daß die Leute mit schlechtem Gewissen eintreten. Am Zaun der ehemaligen Fabrikanlage stehend, frage ich eine Angestellte:

»Was wurde hier hergestellt?«

»Das weiß ich nicht.«

Ich frage die nächste, den nächsten, ich klingle bei einer Frau mit Globus im Fenster.

»Das weiß ich nicht. Aber wenn Sie es rauskriegen, kommen Sie wieder und sagen Sie es mir. Dann erfahre ich vielleicht auch, wer der Mann da unter den Bäumen ist.«

Der Mann ist ein gusseiserner Arbeiter mit Gauguin'schem Lippenschwung, Schweißerbrille und Schürhaken.

Dies Denkmal gilt dem unbekannten Karosseriearbeiter, der einmal die große Anlage mit seiner Muskelkraft in Schwung hielt. Wir gedenken des Arbeiters, aber wir wissen nicht, wer er ist, was er tat und worin seine Verdienste bestehen, ja selbst von der Anlage, in der er sich abarbeitete, weiß gut zehn Jahre nach der Vereinigung niemand ringsum mehr, was sie einmal produzierte. Das Vergessen scheint nicht selektiv, sondern total.

Eisleben: »Sach mal Hildchen, dich sieht man ja gar nicht mehr!« Hildchen ist klapperdürr, das Viscose-Rayon-Cotton-Gemisch in Samtblau schlottert ihr um die spindeldürren Knochen. Sie hat die Augen einer Absinthtrinkerin, in schwarzen Höhlen. Als sie im Mittelgang von Sankt Andreas niederkniet, berührt ihr rechtes Knie den Boden so lang, als habe sie Mühe wieder hochzukommen. In dieser Kirche hielt Dr. Martin Luther seine letzten vier Predigten. Hier improvisierte er am 15. Februar 1546 auch über das Thema: »Kommt her alle zu mir, die ihr mühselig und beladen seid, ich will euch erquicken«, mußte aber aus Schwäche abbrechen und wenig später sterben.

Hildchen hat ihr Profil tief in die betenden Hände gedrückt. Ihre Inbrunst ist schön. Sie hat einen Sohn im Krieg verloren, einen Laden nach der Vereinigung und ihre Gesundheit irgendwann: »Wir haben doch alles geglaubt.« Ich verstehe den Bezug nicht, aber dies ist der historische Refrain: »Wir haben doch alles geglaubt.« So muß der Landsknecht im Dreißigjährigen Krieg gesprochen haben und der Bauer unter Sigismondo Malatesta und der Soldat unter Napoleon und der Rüstungsingenieur unter Hitler. Die alles geglaubt haben, haben alles verloren.

»Auch der letzte Weg gehört zum Leben«, informiert das Bestattungshaus Eisleben seine Kundschaft. Die meisten Menschen sind seit Luthers Zeiten hier. Gehen meterlang mit offenem Mund, heiraten, aber in geliehenen Kleidern, und vollenden die Einigung Deutschlands durch Crossover: »Bistro Volksküche« heißt das Gasthaus, »Mc Geiz« der Drogeriemarkt und das Lenin-Denkmal gibt es nur noch auf Postkarte. Ein Bankhaus hat sich auf seinem Platz niedergelassen. Luthers Sterbehaus liegt zwischen der »Schuh Galerie Weiland«, und der Schwangerenberatung von Pro Familia. Man wird die Ironie nicht los. Sie ist keine Eigenschaft des Geistes, sondern der Sachen. Und doch muß in dieser Stadt jemand wohnen, der überzeugt war, auch der alte Kern einer Lutherstadt werde attraktiver, wenn man ihn »City Center« nenne.

Der Osten, das ist zunächst einmal eine andere Tarifzone. In der Idylle Naumburgs sind etwa dreißig Prozent der designierten Arbeitnehmer arbeitslos. Wer flexibel ist, hat den Ort verlassen, wer es nicht sein will, profitiert ein wenig vom Tourismus oder bietet seine Arbeitskraft für 500 Euro im Monat im Dienstleistungsgewerbe an.

Wer beides nicht kann, besucht das Arbeitsamt, einen modernen, lichtdurchfluteten Bau, mit Trockenblumencollagen an der Wand, Schaubildern der klassischen Berufe wie Altenpflegerin oder Floristin und einer »Checkliste für Ihr Beratungsgespräch«: Welche Arbeit stelle ich mir vor? Reicht dafür meine schulische Bildung? Die Beamten sind freundlich, ihr Anliegen ist echt. Doch stehen sie mitten im Beruf, ihre Klienten tun es nicht, und irgendwie wirken die Freundlichkeit, die gute Organisation und Ausstattung der Behörde wie eine Erinnerung an jene gute Arbeit, die die meisten Menschen hier nie hatten und nie haben werden. Deshalb sind die Flure ganz still, und die Besucher weichen dem Blick aus, als kämen sie aus dem Pornokino.

Welchen Rat sollen die Frauen von der Beratung auch geben? Was man ihnen vermittelt, ist oft provisorisch. Einige blicken die Westler gemütvoll an, sie können nicht anders, reden und strampeln sich ab in Hilfsbereitschaft. Andere haben sich für lebenslängliche Animosität entschieden, komme, was wolle. Es gibt lauter neue Grenzen, die lokalen sind oft stärker als die nationalen.

Eine gut fünfzigjährige Frau sitzt im selbst gebatikten Kleid brabbelnd auf dem Platz und mustert mich aus den schmalen Augen von Boris Jelzin. Daß sie breitbeinig genug sitzt, um jedem Passanten einen Blick bis in die Tiefe ihres Schritts zu erlauben, macht ihr nichts. Im Gegenteil. Fast wie Gesinnung trägt sie ihre Freizügigkeit vor. Und bis zur Webverstärkung ihres Nylonstrumpfes sieht es aus, als hätte sie einen Kaugummi-Automaten in ihre Strumpfhose geleert, doch es sind nur die Knoten ihrer Krampfadern. Als wollte sie sagen: Seht her: Folgen der Einigung. Alles, was Traum war, ist wieder Politik geworden. Der »große Betrug« liegt jetzt zwölf Jahre zurück. Da mußte er ja mal allmählich in den Körpern und Gesichtern ankommen.

In einem Straßencafé erzählen mir die junge Geschäftsführerin Jana und ihre Freunde von betrügerischen Hamburger Immobilienmaklern, die noch dazu Scientologen waren, von Geschäftsleuten, die nur an die Mehrwertsteuer herankommen wollten, von unfaßlichen, nicht voraussehbaren Winkelzügen. Ja, mit dem Thema waren sie sogar schon mal bei »Vera am Mittag«. Aber das ist ja auch Betrug.

Eigentlich ist alles Betrug, der Fußball, das Fernsehen,

die Einheit … Das Prinzip des Kapitalismus ist Betrug. Und Kohl. Und Boris Becker. Die Beispiele gehen ihnen nicht aus. Die Inventarlisten der Desillusionierung.

»Wir werden jetzt auch so«, sagt Jana und will genau so nicht werden.

Aus Gotha, erzählte mir ein Frau auf Usedom, stammt das wandelnde Symbol für den unabgeschlossenen Prozess des Zusammenwachsens: Ein junger Mann lebte da, der sich zu DDR-Zeiten nicht vor allem die Demokratie gewünscht hatte, sondern Frau zu werden. Als die Mauer fiel, steckte er sein Begrüßungsgeld und alle verfügbaren Kredite in eine Geschlechtsumwandlung. Nach der dritten Operation und der Einnahme von Hormonen verweiblichte er sichtbar. Dann war alles Kapital verbraucht, jeder Kredit erschöpft, und jetzt rennt das arme Mensch durch die Welt, irgendwo stehen geblieben zwischen Mann und Frau, der einsame Repräsentant eines Halb-Geschlechts, der unvollendeten deutschen Vereinigung, und fürchtet sich vor dem Mob, den Schlägern im Sinne des gesunden Volksempfindens.

Die Fassaden am alten Hauptmarkt sind Stein gewordener Humanismus. Schloss Friedenstein, das mit majestätischer Wucht wie ein Riegel den Platz abschließt, war ein Zentrum der Aufklärung, geadelt von einem langen Besuch Voltaires. In seinem Hof die Grabplatten und gefrorenen Gesichter vergangener Größe, grimmig in die Gegenwart blickend, das Gemäuer mit der Patina aus Kreuzzugszeiten, Mauern, in denen verfolgt und getröstet wurde, doch über denen die Kirchglocke schwang und an das letzte Gericht erinnerte.

Jetzt sind weg das letzte Gericht und der Trost und die Aufklärung und die Schande. Auf dem Platz erinnern nur die Autos an das 21. Jahrhundert, aber die Gasthausbesitzerin, die um 20 Uhr ihren Betrieb einstellt, antwortet auf die Frage nach einem Restaurant unmissverständlich: »Da werden Sie um diese Zeit nichts mehr finden. Sind ja nur noch Ausländer da«, und dann hält ihr Blick meine Augen so lange fest, als seien wir Frühchristen, die jetzt mit dem Zeh einen Fisch in den Sand malen und sich als Komplizen zu erkennen geben müssen. Immerhin finde ich einen Inder, der Pizza verkauft.

In der Frühe des nächsten Morgens warten vielleicht vierzig Pendler in der kleinen Bahnhofshalle, rauchen, sehen nur geradeaus, einer liest die Zeitung, als die Tür geräuschvoll auffliegt, vier Skinheads eintreten, mit großem Selbstbewusstsein. Sie schreiten die Halle ab wie ihren Gau. Niemand blickt ihnen in die Augen, jeder ist angestrengt dabei zu übersehen, doch dabei die somnambule Stimmung nicht zu brechen. Vor dem Bahnhofskiosk ein hoher Stapel der »Deutschen Nationalzeitung«. Was bleibt den Leuten zwischen der Historie ihrer Stadtarchitektur und der Geschichte zweier Systeme als dieses scheue, geduckte Ausweichen vor den historischen Kräften, die immer ein bißchen für das Volk und ein bißchen dagegen gearbeitet haben, aber vor allem immer selbstsicherer waren als dieses.

Im Abteil mir gegenüber ein Kreativer, nein, das Subjekt eines Firmenerfolgs irgendwo. Er verwaltet sein Ego, den Luftraum beschallend:

»Wenn wir das gewinnen, schreib ich die 25 Millionen Euro da rein ... Die beiden Principals sitzen in Rot. Der Sales Leader sitzt in Gelb ... volle Projektverantwortung und Qualitätssicherung ... Knowledge Management, ja, dazu gibt's eine schriftliche Kommunikation als qualifizierter Principal und als Managing Principal … ja, in der consulting practice als Principal … wir machen das als utilisation im Rahmen von workshops … nein, hör auf, das ist ein Sales Legastheniker … kein Sales Consultant, klar … kein Thema.« Zuletzt wird er persönlich, erkennbar an den Ausdrücken »hohe Sympathiewerte«, »Akzeptanz« und »Streicheleinheiten«. Der Taxameter der Innenwelt läuft weiter.

Deutschland ist randvoll mit Deutschland: deutschen Farben, deutschem Schicksal, deutscher Identität, Deutschlands Rolle in Europa und in der Welt. Nur voller deutscher Sprache ist Deutschland nicht. Irgendwie ist sie vom Patriotismus ausgeschlossen und irgendwie ist das gut so.

Er nähert sich dem Gesprächsende: »Alles klar. Super. Danke für die Info. Tschau Tschau.« Er blickt aus dem Fenster mit dem Behagen eines Mannes, der auch gerne Eisläuferinnen stürzen sieht.

Jetzt hat er zufrieden einen Zigarillo aus dem Silberetui in der Brusttasche gezogen, dabei zwei rote Hosenträger entblößt, die Krawatte samt Spange mit der in Silber gesägten Skyline von Köln glatt gezogen. Sieht aus dem Fenster, als müsse er den vorbeiziehenden Forst in Klafter Holz umrechnen. »Es gibt Menschen«, steht in Hebbels Tagebuch, »die vor dem Meer stehen und nur die Schiffe sehen, die darauf fahren, und auf den Schiffen nur die Waren, die sie geladen haben.«

Zieht einen Flunsch, als der Schaffner kommt und sein Ticket sehen möchte. Das ist unter seiner Würde. Ißt sein Brötchen aus der Papiertüte, zweimal bleibt der gezackte Papierrand zwischen den Zähnen hängen. Seine kleinen Ohren sind feuerrot. Er könnte kaum lächerlicher sein, wenn er mit Hüfthaltern dasäße.

Es ist eine andere Welt, in der man zwischen »Freiheit«
und »Freizeit« nicht unterscheiden kann, »Gesellschaft«
sagt und »Zielgruppe« meint, von einem »Konzept«
spricht und nicht einmal eine »Idee« besitzt, von einer
»Idee« spricht und nicht einmal einen Einfall hat. Lauter
Urteile, aber keine Begriffe. Alles haltlos, alles schwankend, doch könnte mein Gegenüber nicht selbstbewußter
sein. Wer bringt ihm schonend bei, dass selbst das Nichts
physikalisch instabil ist?

In dem Bauerndorf, in dem ich aufgewachsen bin, hatte
die Gemeinde Glück mit ihrem guten Pastor, der Pastor
wiederum hatte Glück mit seiner reizenden Haushälterin
und diese hatte Glück mit einer befleckten Empfängnis,
die sie bald mit Mutterschaft segnen sollte. Das verstörte
die Gemeinde, und da das »Fräulein Heidrun« nicht sagen
wollte, wer der Vater war, traf man sich beim einzigen
Akademiker des Ortes und beschloß, beide, Pastor und
Haushälterin, aus dem Dorf zu jagen.

Das geschah, und es war ein trauriger Tag, als in der
Gesellschaft einiger säuerlicher Betschwestern der Pastor
und das Fräulein den Möbelwagen bepackten.

Als Nachfolger schickte die Kirche einen drahtigen
Glaubensmann mit stechenden Augen, dem die Mütter
bei der Taufe ihre Kinder nicht auf den Arm geben wollten und von dem einzelne Gemeindemitglieder meinten,
nach Einbruch der Dunkelheit wollten sie ihm nicht auf
der Straße begegnen. Man behandelte ihn wie einen Entsprungenen, und so hatte unglücklicherweise das Gottlose
in der Gemeinde schon in zweiter Generation mit dem
Pastor zu tun.

Auf dem Lande ist der Pfarrer noch manchmal der spi-
rituelle Leuchtturm, der zumindest dreimal im Leben, zu

Taufe, Eheschließung und Aussegnung, das Licht des Evangeliums über die Existenz des Gemeindemitglieds wirft. Aber auch zwischendurch sind die Geistlichen eigentlich Kulturvertreter, die zum Trauern und Trösten bereitstehen und die im weiteren Sinne das geistige Leben der Gläubigen und Ungläubigen vor allem dort begleiten, wo es weniger glücklich ist.

Die Gemeinde Duingen, unweit von Hildesheim, hatte seit ein paar Monaten einen neuen Pfarrer, der mich eingeladen hatte, keine Predigt, aber eine Kanzelrede zu halten. Ich sah ein Pfarrhaus vor mir, unter Bäumen, auf der Flanke der Kirche, hell eingerichtet, mit Möbeln, denen keine Zeit zu dunkeln blieb, und zum Abendbrot müßte es Graubrot mit dottergelbem Käse oder Teewurst geben. Amen. So sei es. So war es. Und die jungen Pfarrersleute Menschen, in deren Gesellschaft man sich gern aufhält.

»Warum bin ich nicht gestorben bei meiner Geburt?«, beginnt die Passage aus »Hiobs Klage«, die ich mir ausgesucht habe. Der Gemeinde wird die Frage nicht fremd sein. »Warum bin ich nicht umgekommen, als ich aus dem Mutterleib kam? Warum hat man mich auf den Schoß genommen? Warum wurde ich an den Brüsten gesäugt? Dann läge ich da und wäre still, dann schliefe ich und hätte Ruhe. Mit den Königen und Ratsherren auf Erden, die sich Grüfte erbauten, oder mit den Fürsten, die Gold hatten und deren Häuser voll Silber waren; wie eine Fehlgeburt, die man verscharrt hat, hätte ich nie gelebt, wie Kinder, die das Licht nie gesehen haben.«

Wie kann man die Verzweiflung als eine Weltsprache behandeln und versteht sich selbst nicht einmal auf einen Dialekt? Wie kann man überhaupt glauben, also etwas wie Wissen behandeln, das nicht gewusst werden kann? So stehe ich in der klaren Nacht auf dem Balkon des Gasthofs, vier Balkons weiter die Silhouette einer Frau, die mit zurückgelegtem Kopf in den Nachthimmel starrt. Ich erinnere mich an eine Nacht im September 2000. Heute, hatten die Astronomen damals behauptet, werde es zu einem historischen Sternschnuppen-Regen kommen.

Die Zeitungen druckten an diesem Tag lange Texte zur Erklärung des Phänomens, Fernsehen und Radiostationen häuften nutzloses Wissen auf, wissenschaftliche, halbwissenschaftliche und unwissenschaftliche Veröffentlichungen verquickten sich zu einer Melange, in der nur noch wenige das Reale vom Ersponnenen trennen konnten. Ein Klima astrologischer Hochstimmung entstand. Einen hellen Tag lang fühlte man sich vom Firmament mit besonderen Turbulenzen überzogen, und in der Nacht standen die Leute auf den Balkonen und Anhöhen, an den Feldrändern und auf den Plätzen, warteten unter dem klaren, finsteren Himmel auf den Sternenregen, der ausblieb.

Am nächsten Tag konstatierten die Zeitungen lakonisch, man habe sich verrechnet. Trotzdem war es wunderbar: Eine Nation versammelte sich unter dem Nachthimmel in der Erwartung, sekündlich neue Wünsche fassen zu dürfen. Und dann nichts als der schwarze ganz gewöhnliche Himmel, den in einer solchen Herbstnacht noch nie so viele Blicke getroffen hatten.

Im Morgengrauen durch den schlafenden Ort gelaufen. Es gibt Dörfer, die sich versammeln, und Dörfer, in denen jedes einzelne Haus nicht beim nächsten steht, sondern weg will, sie kehren sich schon ab, sie sehen schon in ein andere Richtung und haben alle ihre Individualität, sei es in der Form ihrer Laternen, der Muranoglas-Skulpturen im Fenster, der Zinngefäße im Regal, der gerahmten Fotos alter Menschen zwischen den Gardisette-Gardinen. Ein Hauch aus Weihrauch und Peru-Guano liegt zwischen den Häusern mit ihren Verschalungen aus Ziegel-Imitat, ihren Alufenstern, den Usambaraveilchen, dem Firlefanz auf dem Fensterbrett.

Was gute Laune schaffen will, muß klein sein. Deshalb liebt die Innenausstattung das Niedliche, die Glanzpapierbilder im Fenster, den Schneemann mit Schal und Sonnenbrille, den Schattenriß eines betenden Hundes im Wald, das Herz aus Ton, aus dem oben rote Rosen wachsen, den schwarzen Porzellankater vor einem Blumenkrug.

Ein Straßendorf, Rinnsale zu beiden Seiten der Straße, große Felderflächen, Eigenheimwohlstand, Bürgerwohnglück. Bemalte Hauswände mit Kunst am Bau aus den 50er Jahren, dahinter schon das Heu in Quadern auf dem Feld, dahinter der Bruch des Kiesabbaus in der Hügellinie. Jetzt legen sich die Leute ihre Kleider zurecht und machen sich kirchfertig, routiniert oder erwartungsvoll in die Welt des Spirituellen eintretend. Sie werden knien, werden Kerzen halten und aus Orgelpfeifen angeblasen werden. Die Vorstellung der Zimmer, in denen sie sich anziehen, der Lampenschirme, unter denen das geschieht, der Kinder, die keine Lust haben und trotzdem mitmüssen, des ganzen Geröllfeldes der Werte, das sich langsam zu Tal ergießt und in der Kirche zum Stillstand kommt.

Sogar an den Bushaltestellen warten sie, zwischen den Silhouetten von Vögeln auf Plexiglas, an der Strecke, die von Marienhagen nach Brunkensen führt, nach Alfeld über Marienhagen Post, Abzweigung Lübrechtsen Rott, Rott, bis runter nach Alfeld, und die Busfahrerin hat sogar noch die Zeit auszusteigen und, an das Schutzhäuschen gelehnt, mürrisch eine Zigarette zu rauchen. Und im Bus sonntäglich Gekleidete, die reisen, um von Hiob zu hören, dem Unglücklichsten. Und vor dem Kirchenportal steigen die Lerchen senkrecht in die Höhe.

Nach dem Gottesdienst sitzen wir im Gasthof zu Warzen. Im Vestibül die Fotos der Ehepartner. Seit Jahrhunderten: grobknochige, bäurische Typen, die Frauen Revolverheldinnen, mit vor der Hüfte baumelnden Händen wie beim Showdown. Die Männer in die Aura ihrer Matronen geschmiegt, ohne sie zu berühren, aber irgendwie flennend verweichlicht. Keiner berührt den anderen. Mancher Ahne des Geschlechts derer zu Warzen sieht auf den Fotos wie ein sardischer Räuber aus, ein anderer wie ein Schiffschaukelbremser, ein dritter wie ein kaspischer Seegurkentaucher.

Zu diesem Hausaltar versammeln sich die Bilder der Ahnengalerie zwischen Seidenblumen-Anemonen mit weißen Bändern, zwei Reihen mit Fußball-Pokalen, einer Perserbrücke, bemalten Milchkannen, Stöcken mit emporrankendem Efeu samt staubbedeckten Blättern, dabei ein lichtloses Aquarium mit den Handflächenabdrücken kleiner Kinder, ein neurotischer Fisch darin, zitternd und solo.

Verspätet schlurft noch ein Halbstarker im Military Look in den Gastraum; einen halben Schritt hinter ihm seine bemitleidenswerte Freundin, blass, sie hat eine schwere Nacht gehabt. Das letzte Glimmen Hübschheit jedenfalls muss spätestens um die Morgenstunden in ihrem Gesicht erloschen sein.

Als letzte Nachzügler beim Essen folgen drei Arbeiter aus der italienischen Schweiz. Irgendwer hat ihnen beigebracht, »aber hallo« zu sagen, doch sie nutzen es immer an der falschen Stelle:

»Ein Ei, Signore?«

»Aber hallo.«

»Der Herr auch?«

»Aber hallo.«

Auch ein paar Kirchgänger sind jetzt eingetroffen. Der Bedienung sagen sie, das »Sonntagsmenü« hätten sie sich jetzt verdient. Lauter Paare und Gruppen im Raum. Die Wirtsleute haben die Ahnen hinter sich, das Military Pärchen die Liebe, die Schweizer ihre Straßenarbeit, der Pfarrer die Kanzelrede. Lauter Monaden. »Das unsichtbare geistige Band, das dem Bestehenden Recht und Halt gibt, ist verschwunden«, schrieb Kierkegaard. »So ist die Zeit zugleich komisch und tragisch: tragisch, weil sie untergeht, komisch, weil sie besteht.«

Aber hallo.

Stärker als zu jeder anderen Zeit belastet das Leben heute jeden noch so kleinen Schritt durch einen Überbau des Wissens, der Anweisungen, Empfehlungen, der psychologischen Deutungen und Erklärungen. Für jeden Bereich gibt es eine Kompetenz, eine Zuständigkeit. Dadurch werden alle auf fast allen Gebieten zu Laien und dilettieren sich durch die Welt, auch die ihrer Gefühle. Sie wissen nicht, daß das Jojo eine philippinische Jagdwaffe war? Daß der Hai in seinem Leben an die zweitausend Zähne verbraucht? Daß Würmer keine Ohren haben? Daß man in Eiswasser nur zweihundert Meter schwimmen kann? Daß 33 vor Christus der Bühnenvorhang erfunden wurde?

Sie wissen nicht, daß jeder dritte Deutsche in seinem Leben schon einmal Lehrer war? Alle haben Regeln erzeugt, Maximen generiert, Gewissheiten hinterlassen, und das auf professionellem Niveau. Sie wollen dieses Kind trösten – Finger weg, da lassen Sie lieber einen geschulten Kindertröster dran. Sie glauben, Sie kommen über den

Tod Ihres Sittichs auch so hinweg? Viel Glück, Sie müssen es ja wissen. Hat Ihre Zahnpasta die richtigen Inhaltsstoffe? Seien Sie mal mehr Konsument als Genießer! Bei Bertelsmann hat sich mir mal ein Mann vorgestellt mit dem Satz: »Ich bin der Projektleiter der geistigen Orientierung.« Ich habe nie wieder von ihm gehört. Und dann gibt es den, der nie Lehrer war, den Untertan, der in seinem Leben so viele Obertanen gesehen hat, dass er ihren Habitus angenommen hat: Er wird Türsteher, Platzanweiser, Kellner, PR-Dame und hat der Welt auch ein paar Regeln mitzugeben.

Die Herausforderung besteht nicht darin, zurechtzukommen, sondern nicht zurechtzukommen, d. h. jeden Weg allein zu gehen, jeden Maßstab selbst zu gewinnen, jeden Wert selbst zu erschaffen. Die Wagen der ersten Wagenklasse halten in den markierten Abschnitten D und E. Niemand kann sich mehr irren, niemand muß fragen.

Im Abteil auf den Gangplätzen zwei Männer, vertieft in ein Gespräch über das Kofferpacken ihrer Frauen.

Der eine: »Also meine macht es schon drei Wochen vorher, aber man muß sagen, dann fehlt auch hinterher nichts.«

Der andere: »Meine muß ja immer ihre Sachen mitnehmen. Einmal habe ich sie erwischt, wie sie für die Reise nach Frankreich eine ganze Kiste von unserm pfälzischen Rotwein verstaute. Die konnte sie gleich wieder auspacken.«

Am Fenster, mir gegenüber, eine Lehrerin für Mathematik und Biologie. Der pädagogische Eros ist weg. Schüler und Lehrer desillusionieren sich wechselseitig. Wer zuerst fatalistisch wird, hat gewonnen und darf sich selbst entdecken. Diese Lehrerin hat wenigstens nie aufgehört zu lernen. Seit zwei Jahren schneidet sie Schlagzeilen über Nonnen aus der Zeitung und klebt sie ein. Tatsächlich: Da gibt es welche, die für Sex-Dienste an italienischen Politikern und Geschäftsleuten 750 DM nahmen, welche, die ihren Konvent in Brügge verkauften, Reitpferde erwarben und dann mit 200.000 DM im Mercedes nach Südfrankreich flohen, welche, die sich barbusig am Strand von Durban duschten, eine, die Krimis im Einband von Gebetbüchern aus Buchhandlungen stahl, eine irische, die mit nicht angemeldetem Wagen eine andere anfuhr und im Vorgarten landete …

Ihr Gatte tritt ein, zwei Pappbecher in der Hand. Auf das Klapptischchen vor ihr setzt er den einen, sagt:

»Ich habe den Kaffee farblich deiner Seele angepaßt.«

»Warum ist dann keine Milch drin?«

Das Kind an ihrer Seite malt ohne aufzusehen an einer Landschaft, indem es immer mehr Zugvögel in den Himmel malt, fliegende Häkchen, die bald den Himmel verdunkeln.

Der Zug hält vor der Einfahrt in den Bahnhof. Nach zehn Minuten folgt die Durchsage: »Durch einen Unfall mit Personenschaden wird sich die Abfahrt des Zuges um einige Minuten verzögern.«

Aufgerissene Augen bei denen, die das zum ersten Mal hören.

»Oh Gott«, flüstert die Nonnensammlerin.

Auch das Kind stockt mitten im Zugvogel und fragt in ihr viel zu erschrockenes Gesicht:

»Ist der tot?«

»Unfall mit Personenschaden«, der neueste Euphemismus für »Selbstmord«. Man sagt nicht »vom Zug überfahren«, auch nicht »hauchte sein Leben aus« … Die Nonnensammlerin zuckt die Achseln, das Kind beendet eine Reihe Zugvögel.

Die Abteiltüren stehen jetzt überall offen. Auf den Gängen tauscht man sich aus. Die Pendler haben das am häufigsten erlebt, nennen Statistiken und kommentieren: »Das kommt dauernd vor«, »Das passiert mir in dieser Woche schon zum dritten Mal«, »Das ist auch kein Zustand«, »Das dauert in der Regel nicht lange«, »Was das kostet«, »Der arme Zugführer«, »Der kann auf Schmerzensgeld klagen, da können die Angehörigen blechen, wegen dem Schock.«

Am häufigsten hat all das der Zugschaffner erlebt. Er bekommt nie Schmerzensgeld und ist auch nicht schockiert. Jetzt steckt er den Kopf ins offene Abteil und sagt:

»Jetzt können Sie den Anschlußzug nach Hannover vergessen, so viel ist sicher.«

Inzwischen hat es begonnen, auf die frische Leiche zu nieseln.

Wenn man über Land fährt, passiert man am Weg lauter Tabernakel mit Ziergottheiten, Kruzifixen, blumengeschmückten Altarbildern, Kreuzwegen oder Madonnen.

In der Bahn nach Kassel habe ich Brigitte kennen gelernt. Ihr Gesicht ist frische vierzig, ihre Gestalt schwarz verhüllt. Unterwegs zu einer Beerdigung, trauert sie nicht wirklich, geht nur stellvertretend für die Oma. Die war zwar mit dem Fräulein Resi, der örtlichen Pfarrhelferin, gut bekannt, aber die Oma ist überzeugte Buddhistin. Schon seit gut einem Jahr. Das verträgt sich nicht:

»Meine Oma findet Buddha einfach gut, ohne Blut und ohne Kreuze. In der Garderobe hat sie sogar so einen kleinen Buddha neben dem Telefon, da legt sie immer ihre Schlüssel drauf. Die ist echt spirituell.«

Als wir auf dem Kirchplatz ankommen, bedauert Brigitte, daß der Buddhismus die Oma nicht vom Rheuma kuriert.

»Nehmen Sie«, unterbricht eine Pfarrhelferin unter dem Kopftuch.

Nehmen Sie dieses Glanzfaltbildchen, soll das heißen, schwarz-weiß ist es bedruckt, denn der Fall ist traurig: Das Doppelporträt der Leidenden vorn, die Madonna im Mantel, die Pfarrhaushälterin in der Schürze. Wir versammeln uns heute hier zum Requiem für »Frau Therese Maibach, Pfarrhaushälterin aus Kassel«. Wenden Sie jetzt das Bildchen, da sehen Sie sie selbdritt: der leidende Christus, die weinende Maria und das Fräulein Resi selbst, wie es gerade aus einem Fiat steigt.

Zum Portal hinein kommt jetzt ein altes Paar, er grau und bebrillt, sie schwarz und klein. Er tritt ans Weihwasserbecken, befeuchtet seine Fingerspitzen, tut einen Schritt in den Mittelgang und bekreuzigt sich. Die Alte steht immer noch reglos am Becken, streckt die Hand nach dem Gatten aus. Sieht sie schlecht? Er reicht ihr die befeuchteten Fingerspitzen, sie nimmt mit den ihren etwas Weihwasser ab und bekreuzigt sich damit, dann streben sie gemeinsam auf ihre Bänke zu. Eine Szene mit doppelter Schwingung wie auf einem Gemälde des 16. Jahrhunderts, als hinter der Genre-Szene die Allegorie saß. Sittenbild mit Caritas.

Der Kaplan, ein junger, unbeholfener und wegen seiner Länge mühsam zum Pokal sich beugender Gottesdiener, sagt in der raschen Predigt, wie lange er nachgedacht habe in der letzten Zeit über die Sterbenseinsamkeit. Das merkt man nicht, aber gut geübt ist die Predigt.

Auch muß Therese Maibach eine bemerkenswerte Frau gewesen sein, denn erstens trug sie immer und zu jeder Jahreszeit eine lila Stola, zweitens sagt man ihr nach, daß sie nie in ihrem Leben eine rasche Bewegung gemacht habe. Selbst als eines Tages der Blitz in ihr Haus einschlug, verließ sie das Haus gemessenen Schrittes.

Nur sagt der junge Gottesmann immer »Fräulein Resi«, wenn er von ihr als der arbeitsamen, bescheidenen Dienstkraft spricht, »Therese« dagegen, wenn er sich im Gebet an Gott selbst wendet. Gott ist eine Obrigkeit und bevorzugt offenbar bürokratische Bezeichnungen.

Brigitte aber findet im Rausgehen, die Predigt sei »voll in Ordnung« gewesen und »irgendwie echt spirituell«. Obwohl sie das Fräulein Resi kaum kannte, hätte sie einmal fast »echt geheult«. So was, sagt sie, hätte ihr Buddha einfach nicht geben können.

Ich sitze in einer Gaststätte in Moers und suche nach Sätzen über Moers. Das dauert. Immer wenn ich den Kopf hebe, sehe ich in die Augen von Wladimir Putin oder Bahnchef Mehdorn, dann Medikamente, Zwieback, Autoreifen. Ich streiche.

Wenn ich den Kopf nicht mehr hebe, bis ich den Satz habe, dann kriege ich Moers zu Papier, bevor ich hier rausgehe. Die Kellnerhose berührt fast die Tischkante. »Nein, danke.« Die Kellnerhose zieht sich zurück.

Eine elektronische Frau spricht, ihre Stimme hat eine Dauerwelle, ihre Modulation ist mondän, Pausen macht sie zur Unzeit. »Ficken, ficken!«, kreischt es aus einer Ecke im Lokal. Ich hebe den Kopf. Das Gesicht der Moderatorin sieht bedrückt aus. Jetzt kommen Reporter ins Bild, ihr Beistand. Aber gleich ist sie wieder allein. Ihre Frisur ist unerschütterlich.

»Ficken, ficken«, kreischt es aus dem Lokal mit Papageienstimme. Da muß einer verrückt sein. Jemand lacht, jemand anderes sagt etwas Begütigendes. Sie nickt. Abgerissene Häuser kommen ins Bild, eine Textzeile. »Ficken, ficken!« Die Stimme erstirbt, nicht freiwillig. Die Elektronische bleibt sachlich, schüttelt aber den Kopf. Der Kellner schüttelt den seinen noch Minuten später.

Kein Satz über Moers.

Der neueste Einfall der Erlebnisgastronomie, das sind eisenschwere Orangensaftpressen am Frühstücksbuffet. Sie geben dem Frühstück so etwas Handwerkliches und fordern gleich nach dem Aufwachen den Heimwerker im Mann. Da stehen sie dann, die Geschäftsleute, die weltmännisch Orangen in Hälften teilen, die Hälften einlegen, Druck auf den Hebel ausüben und sich trotzdem bekleckern, weil die Soße rechts und links runterläuft, über ihre Finger, die jetzt naß und klebrig sind, und trotzdem lassen sie sich nirgends abwischen.

Auch eine Prozession von Indern gibt es im Sari in diesen Frühstücksraum eines deutschen Bahnhofshotels: sie warten drei Schritte entfernt vom Buffet, das sie ins Auge fassen, als könnte es sich noch bewegen. Auf den Tellern lappige dunkle Früchte, Zellulose-Klumpen, Abgehobeltes, Buntes. Sie denken nach.

Dann häufen sie auf ihren Teller nebeneinander Weebix, Leberwurst, Marmelade, Bircher-Schleim und ein Löffelchen Sambal Olek als Referenz an die Heimat, legen ein Ei oben darauf und trinken Beuteltee.

Und unsereins sitzt mit orangenverklebten Fingern unter einem Foto von Farah Diba, einem Plastikrelief der Van Gogh'schen Sonnenblumen und einer Stickerei aus dem Blindenlouvre. Kultur überall, Kulturschock nirgends: Die Farbe, mit der man Zebrastreifen malt, heißt »Rembrandtin«, der Buntstift für den Privatgebrauch

»Giotto naturale«, »Mozart« der WC-Stein, »Happy End«
das zugehörige Papier.
Dem Inder sind wenigstens Ratten heilig.

Eine Vierer-Sitzgruppe im Bus, irgendwo zwischen den
ineinander fließenden Ruhrgebietsstädten. Eine Alte mit
Kopftuch, Trümmerfrau, die sich als Mädchen die Ny-
lonnähte auf die Wade malte. Gegenüber der angejahrte
Nonkonformist, um die fünfzig, bürgerlich aus Angst und
grundsätzlich enttäuscht. Neben ihm ein Fünfundzwanzi-
gjähriger, der bereits ahnt, daß eine jüngere, ihm schon
fremde Jugend eingetroffen ist.

»Unsere Generation hat alles verloren«, sagt die Krie-
gerwitwe und denkt an die Pappen in den Fensteröffnun-
gen nach dem Bombenangriff, an Luftschutzkeller und
die Ruinen ihres Hauses.

»Unsere auch«, sagt der 68er und denkt an »Kapital«-Schulung, Spenden für den KBW und den Mauerfall.

»Unsere auch«, denkt der 78er, der sich raushält, aber
den Idealismus meint, die Moral, den Wald …

Doch was gilt es zu retten? »Anstand«, denkt die Alte,
»Zivilcourage« der 68er, »Orientierung« der Jüngste. Kurz
gesagt: »Sinn«. Darauf können sich alle einigen. Doch
nichts ist in diesen Jahren der Jahrhundertwende so
knapp wie »der Sinn«. Deshalb verfüttern sie so viel davon, deshalb lachen sie so aufrichtig über seine Ent-
sorgung im Nonsens.

Nimmt man eine Busladung von Menschen, so glaubt
sie vermutlich an Engel und den G-Punkt, an Patriotismus, sauberen Sport und die Dienstvorschrift, an Aszen-
denten, Feng Shui und die Wiedergeburt, und selbst jene,
die mit ihrem Leben nur zurechtkommen, wenn sie es vor

zu viel Sinn bewahren, werden ereilt von etwas, das in der Sprache der Warenwelt als »Sinnangebot« bezeichnet wird.

Am Anfang der Sektenbildung, so haben Psychologen um die letzte Jahrhundertwende ermittelt, stand oft das verrückte Paar im »délire à deux«, einer leidenschaftlichen Allianz außerhalb der kausalen Welt. Zwei, die einander fanatisch lieben, mit Macht ausstatten, eine eigene Sprache entwickeln, eine Welt um sich bauen aus den Bausteinen ihrer Welt. Genauso sollte der Angestellte mit seiner Firma leben, findet die Firma. Man muß also Produkte ethisch verkaufen, mit den Zusatzstoffen von Sinn und dem Aroma der Religion. Schon hat die Arbeit Überbau, schon wird Berufspraxis zur rituellen Handlung.

Die Berufswelt scientologisiert sich. »Für Grenzen im Kopf muß man einen hohen Zoll bezahlen.« Steht in der Zeitung neben einem Foto von Christoph Daum, der für die Grenzenlosigkeit in seinem Kopf einen noch höheren Zoll zahlte. »Gib alles und du bekommst es zurück!« meditiert die Firma Strellson neben einer Strickware, gibt alles, um den eigenen Slogan zu verstehen, kriegt aber nichts zurück. »Wer ein klares Ziel hat, kann nur gewinnen«, sprach Henry Maske für den Textil-Hersteller Yorn, und dass Blinde keine Welt haben, suggeriert Loewe Aconda allen Sehenden durch den Satz: »Die Welt ist, wie man sie sieht.«

Im Augenblick, als die Welt ihren Sinn verlor, entdeckte die Werbung die Heilsbotschaft. Etwas Spirituelles ist allem beigemengt, aber nicht der Inhalt, nur die Tonlage der Lebensweisheit steckt an, und man konsumiert mit Philosophie: zur Rettung der Erde oder Gottes, des schönen Selbst oder des Wachtelkönigs.

Da sitzen wir vier in einem Bus, ohne Worte, zwischen falschen Gedanken und echten Produkten in Originalverpackung. Als Winkelemente unterwegs. »Mensch werde wesentlich …«

Alle vier denken anders, aber dasselbe, alle denken gegen ihre Verluste an, gegen den Mangel. Endlich sagt die Alte abrupt:

»Ja, wenn man die Träume nicht hätte …«

Schweigen.

»… dann käme man besser zurecht im Leben.«

Schweigen.

»Und hätte man die Liebe nicht?«, fragt der Achtundsechziger wie ein Psalm.

»Auch«, erwidert die Alte.

Der Dritte sagt nichts. Was ihn noch mehr interessiert, ist eine Zeitungsanzeige in der »Herald Tribune«, »Herbal Science Breakthrough« überschrieben: Für Penisverlängerungen bis zu drei und mehr Inches »in just a short week's time«.

Wie viel ist ein Inch? Wie viele elende Hypotheken nimmt man auf im Wunsch, gegenwärtig zu sein, liest die falschen Bücher, sieht belanglose Filme, hört uninteressante Musik, bewegt sich an stimmungslose Orte und obwohl das alles sich substanzlos anfühlt, baut es sich, zusammengenommen, zu einem einzigen stimulierenden Gefühl von Gegenwart zusammen. Wo immer ein »Ereignis« angekündigt wird, selbst wo sich 15 Millionen Menschen eine sterbenslangweilige »Wetten, daß«-Sendung ansehen, verzichten sie auf Erfahrungen mit der Wirklichkeit aus Hunger nach Gemeinschaft. Und am nächsten Tag ist da keine Gemeinschaft: Nichts wurde gehört, nichts gesagt, nichts ist geschehen. Nicht in das Gemeinschaftsleben ist man eingetreten, sondern man hat das Wachkoma geteilt. Eine Nation, die nicht da war, sediert, abgemeldet, in Trance zwischen Kühlschrank und Couchtisch, und so treten sie am nächsten Morgen in die Welt, zurück in die Religion ihrer Arbeit, in die Sinnstiftung durch Warenverkehr, in die Reklame … und dann spricht jemand von Träumen und von Liebe. Dabei wäre man mit ein paar Inches mehr schon ein Stück weiter.

Also was ist wichtiger: der Blick in die Zeitung oder der Blick aus dem Fenster?

Ich lese den Raubdruck eines obszönen Buches. Darin sitzt eine Frau auf einer Art Thron und besorgt es den Männern, einem nach dem anderen, mit der Hand. Das erotische Detail: Bevor sie nach dem Genital greift, zieht sie sich pragmatisch den Ärmel bis zum Ellbogen hoch. Dass ein Muttermal ihren rechten Unterarm ziert, wird extra erwähnt.

»Ich möchte den Rhein sehen«, hatte Dorothee, meine neue Banknachbarin gesagt, vier Stunden nachdem sie in die Klasse gekommen war.

»Der eine Kloake ist«, habe ich geantwortet.

»Nicht mehr«, das wußte sie besser und zählte wahllos Speisefische auf, die einem beim Schwimmen zwischen den Beinen durchflutschen können. Also waren wir in der fünften Stunde durch die Rheinauen gegangen und ich hatte ihr erzählt, wie ich früher immer Zettel aufhob, irgendwelche verlorenen oder weggeschmissenen Zettel.

»Und was sollte dabei rauskommen?«, hatte Dorothee gefragt. Sie trug auch Sommersprossen und ein großes hellbraunes Muttermal auf dem Oberarm. »Einkaufszettel, Strafzettel?«

Wir gingen zehn Minuten durch die Rheinauen, dann hob ich einen Zettel auf und las vor: »Sehr geehrter Herr Post. Ich habe mich entschlossen, Ihnen morgen um 9 Uhr 15 die Fresse zu pulieren. Hochachtungsvoll.«

Während ich im Zug das obszöne Buch lese, denke ich an sie, die nicht an weggeworfene Zettel glaubt und nicht an schweinische Bücher. Wir haben uns im Kölner Dom verabredet. Vor dem Bahnhof die Flagge Europas, vor dem Dom ein angehaltener Dudelsackton, der sich anhört wie ein Kind in einem Insektenschwarm. Manche benutzen das Querschiff als kürzeste Verbindung zwischen zwei Geschäftsstraßen. Deshalb der Zug der Plastiktüten, der Wanderschritt vor dem Chorraum.

Jemand hat sich in einer Seitenkapelle erbrochen. Der Küster wischt, in einer Wolke aus Myrrhe und Magensäure. Von einem seitlichen Pfeiler aus kräuselt sich dünner blauer Rauch hoch in die gotischen Gewölbe. Man könnte Drachen steigen lassen, Singvögel aussetzen, Mauerseglern zusehen.

Sie kommt bloß auf mich zu, ergreift eine Hand, schreitet die Kruzifixe ab, die Triptychen, die Parade der Betenden, die Kerzen für Gevatter Tod. Witwentränen. Schwere Schluchzer. Vor dem Portal eine alte Italienerin mit Kopftuch und Sammelbüchse: »I poveri morti! I poveri morti!« Zwei Liebende, denen die Toten auch so leid tun, sind stehen geblieben, als habe man sie mit Verdi übergossen, aber sie stoppt seine spendenwillige Hand mit der Faust.

Überall scheiternde Paare, in der Kirche, im Bus, in der Zeitung. Es geht schief, es darf schief gehen. Erst auf der Rückbank der Straßenbahn drückt sie kurz meinen Kopf auf ihre Schulter, in den häßlich ockerfarbenen Pullover, der an dieser Stelle besonders stark nach ihrem Parfum riecht, »Mystère«, wenn ich mich nicht irre. Das Gefühl dazu heißt nicht Lüsternheit, sondern Klaustrophobie.

Worauf kann ich eher verzichten – auf das Weggehen

oder auf das Wiederkommen? Und was macht jemand, der in seine Heimat zurückkehrt und ein Autobahnkreuz findet, wo sein Elternhaus war? Steht er da und sagt: meine Kreuzung, meine Heimat? Sucht er sich ein Surrogat, eine zweite Heimat? Steht er mit Tränen in den Augen da? Den Wald dort, dann den Acker, den Schwung der Hügellinie, die einsame Bahnstrecke: Wie viel kann man ihm wegnehmen, und er nennt es immer noch »meine Heimat«?

Oder anders: Sehe ich mir ein Autobahnkreuz an und sage, dies war mal die Heimat von jemandem, werde sentimental, sehe die rasante Verkehrsführung mit umwölkten Augen? Eine ungefährdete Heimat müßte jenseits der Zivilisation liegen, als ferner, der Zeit entzogener Winkel. Also ist sie immer fiktiv, und fatal wird es nur, wo man aus dem Sentimentalen etwas Politisches macht. Immerhin gibt es keinen Rechtsextremismus ohne »Heimat« und keine Fundamentalisten unter den Nomaden. Dann sollen wir also alle wandern, wandern …

»Nun sind entfernt / Die Grenzen der Dinge.
Manch neue Stadt / Entsteht auf der Erde.
Nichts an der alten / Stelle läßt ruhen
Die wandernde Welt.«
Schreibt Seneca.

Es gibt eine Zeit in der Kindheit, da empfindet man leidenschaftlich für das Ideal des vaterlandslosen Gesellen und nimmt zum Ersatz die fahrenden Handwerksburschen, die nach alter Tradition vor der Tür erscheinen mit dem breitkrempigen Hut in der Hand, dem Wanderstab wie bei Eichendorff in der Faust. Waren sie unehrenhaft, riß man ihnen das Symbol ihrer Ehre, den Ohrring, aus dem Ohr. Weil das Läppchen in Fetzen hing, nannte man sie »Schlitzohren«. Als Kinder wollten wir immer einem begegnen. Es ist nie passiert.

Das heimatliche Dorf, behütet vom Mißtrauen im Blick der Bauern, einem Blick, der aus der Frühgeschichte kommt. Es ist noch Witterung darin. Man folgt der Spur des Fremden mit den Augen wie einer Schweißfährte. Manche Glocken klingen wie ihre Stimmen im Dialekt. Wo ehemals Unterholz war, haben heute die Zahnärzte ihre Pferdekoppeln. »Erst kommt der Mensch, dann der Waldlehrpfad«, sagt der Bauer, dem diese ganze Unterwerfung des Forstes auch mißfällt. Jetzt gibt es sogar schon einen lokalen »Künstler«, der seine Werke im Blumengeschäft als »limitierte Edition« ausstellt. Die Mädchen gehen bauchfrei zwischen den Exponaten und den Yuccapalmen auf und ab, und auch wenn sie Schnupfen haben, stecken sie die verrotzten Taschentücher in den Hosenbund, wo sie auf der Haut feuchte Spuren hinterlassen.

Ich besuche unseren alten Landarzt, frage nach den Veränderungen. Doch er kennt nur zeitlose Geschichten. Dreißig Jahre lang hat er ein altes Bauernehepaar betreut. Als der Bauer vor vielen Jahren zum ersten Mal in seine Sprechstunde kam, hatte er beim Gehen Gleichgewichtsstörungen und sagte: »Herr Dokter, isch waggel immer so beim Jonn.« Der Arzt machte ein paar Untersuchungen, nahm auch Blut ab und riet: »Bringen Sie beim nächsten Mal Urin mit.« Der Bauer kehrt eine Woche später wieder, in seiner Reisetasche dreizehn Flaschen Urin, beschriftet nach Tag und Stunde.

So wächst ihm der Mann ans Herz. Als die Bäuerin vor einem Jahr stirbt, macht er sich Sorgen um den Alten. Ein halbes Jahr nach ihrem Ableben besucht er den Greis, trifft ihn aber ganz munter an, und auf die Frage nach seinem Wohlergehen erwidert der Bauer:

»Wissense, Herr Doktor, der Jram bekömmt mich besser als der viele Ärjer.«

Meine Heimat ist in diesen Sätzen, der Ahnung von solchen Lebensläufen und der Spur, die sie in der Landschaft der Kindheit hinterlassen haben. Es sind die Dinge, die man fühlen kann. Man kehrt heim und fühlt sich gleich einsamer. Weil sie nicht ist. Weil sie, je näher man ihr kommt, immer fremder zurückblickt. Alle haben die Heimat mitgenommen, die einen ins Grab, die anderen in die Ferne, die Dritten ins Vergessen, die Vierten in den Stumpfsinn. Heimat ist die Landschaft, in der man nicht verschwinden würde. Sonst ist alle Landschaft darauf angelegt, uns zu verschlucken. Doch ist Heimat noch Heimat ohne Eltern, ohne Lehrer, ohne Mädchen, ohne Kaufmannsladen?

Mit der Vermehrung der Telefone ist auch die Einsamkeit offensichtlicher. Jetzt scheinen alle getrennt, alle weit weg. Deshalb müssen sie dauernd hinausrufen, sagen, daß sie da sind, leben, müssen Botschaften wie Duftmarken hinterlassen. Das dauernde Telefonieren will sagen: Du fehlst, alles fehlt, wir gehören alle nicht hierher, sondern in eine Heimat andernorts.

Sollte man sich also immer neue Heimaten aussuchen? Den Hindukusch? Polynesien? Ulan Bator? Soll man den Ort nennen, dessen Ruin, dessen Machenschaften, dessen Bitterkeit und Korruption man persönlich kennt? Und wenn ein Karpfen im Waschbecken aufwächst, nennt er es später »Heimat«?

In Bonn, gleich beim Bahnhof, habe ich zum ersten Mal im Leben einen Chinesen mit Knutschfleck gesehen. Das war in einem Imbiß, wo früher eine Rotlichtbar existierte mit der rätselhaften Werbung an der Fassade: »Weltsexreport mehrerer Liebestollen«.

Der Chinese verhandelt gerade mit einem jungen

blonden Dealer, der trägt ein Handtuch auf dem Kopf. »Es gibt nichts, es gibt nichts«, sagt der Dealer zu aufgeregt. Dabei posiert er wie in einem Video, und ich stelle mir vor, wie abertausende junge Deutsche aufatmen, weil endlich ihr Prototyp in der Öffentlichkeit angekommen ist: Eminem, »Einer wie ich«, würde Franz Beckenbauer sagen.

Ich bin gekommen, um die Abiturfeier meiner Schule zu besuchen. Früher mischte sich in diesem Gymnasium die rotwangige Landbevölkerung mit den dekadenten Ministerial-Kindern. Die einen machten noch »Streiche«, riefen beim Bäcker an und fragten: »Haben Sie Schweineöhrchen? Ja? Dann müssen Sie ja schön aussehen!« Die anderen kauten auf dem Pausenhof Cannabis, bis ihnen der Schaum grün vor dem Mund stand und man sagte: »Mach den Mund leer, eh du sprichst.«

Heute ist die Landwirtschaft hier am Boden, das macht auch die Kinder blaß, und die Ministerialen sitzen unauffällig in Berlin. Es gibt zwar noch einen Schüler mit Irokesenschnitt, und manche tragen auch modische Indifferenz wie Verwahrlosung trotzig zur Schau. Dennoch spielt zur Eröffnung die notorische Querflötistin die Ballettszene aus »Orpheus und Eurydike«, und der Euphemismus für »Hängenbleiben« nennt sich immer noch »Ehrenrunde«.

Die Rede der Elternvertreterin widmet sich dem Thema »Geschlechtergerechtigkeit«. Das löst wohlwollendes Amüsement aus. Offenbar hat die Dame einen Ruf, keinen schlechten, denn sie meint es ja nur gut.

»Junge Frauen müssen die gläserne Decke durchbrechen«, sagt sie, das kann niemand falsch finden. Auch müsse die erfolgreiche Frau keine Bedrohung sein für die männliche Identität. Männer könnten durch Hausarbeit viel dazugewinnen.

Anschließend singt eine Schülerin »Summertime« mit einer Inbrunst wie beim »No Angels«-Casting, was trampelnd und johlend gefeiert wird, auch wenn die Zeile »Your daddy's rich and your mother's good looking« nicht hundertprozentig der Rede der Elternvertreterin entspricht.

Dafür sind die beiden Mädchen, die für die Schüler sprechen, dezidiert »süß«, beängstigend clean, wenn auch mit animalischer Rhetorik: Erst kommt etwas von träumenden Delphinen, dann das Bestiarium der Mitschüler: »Wir hatten unsere schlauen Füchse, unsere fleißigen Bienchen, unsere Nachtigallen, die uns mit ihren Worten verzauberten, es gab aber auch einige Faultiere unter uns (Gelächter)«, dann geht es weiter mit Paradiesvögeln, schnatternden Gänsen, Schmetterlingen, die sich aus Raupen entwickelt haben… So harmlos ist kein Mensch. Dazu muß man erst erzogen werden.

In der Abiturzeitung jedenfalls haben die Absolventen Fragebögen ausgefüllt. Unter »Sternzeichen« führen sie auf: Stinktier, Faultier, kleine Meerjungfrau und Pornobiber; unter »größte Abneigungen«: Krieg, Hip Hop, Big Brother, Rote Beete, Nazis, Stechmücken, Rosenkohl, Unterricht in der ersten Stunde; unter »größte Vorlieben«: Schlafen und unter »Lebensmotti«: »Wer die Welt umarmt, hat alles bei sich«, »Entweder man lebt oder man ist konsequent«, »Kein Schwanz ist so hart wie das Leben«, und: »Fünf Kinder reichen aus, um eine Oma zu verhauen.«

Während der Schulleiter spricht, fällt eine Staubflocke ganz langsam aus der Decke. Er spricht lange, zum Beispiel von den Kreuzungen des Lebens, die er selbst im Kottenforst anschaulich vor sich sieht. Die Schülerin neben mir faltet einen Flieger.

»Lehrer und Eltern haben die Wegweiser gegeben, aber jetzt müssen Sie selbst gehen.«

Es folgt ein Exkurs zum Umgang mit Kreuzungen.

»Ich will das hier nicht ausführen«, sagt er.

»Gute Idee«, erwidert meine Nachbarin, meine beste Schulfreundin, die sich im Fahrradkeller küssen ließ und heute drei Söhne hat und keinen Gatten. Wir haben wie früher angefangen uns Zettel zu schreiben. So albern sind wir.

Bei der anschließenden Passage über Freiheit wird es mir zu eng.

»Freiheit ist etwas, das positiv ist, aber auf der Kehrseite auch ein Zwang. Nehmen Sie Ihr Leben in die Hand und sagen Sie: Ich fühle mich frei, mein Leben selbst in die Hand zu nehmen.«

Natürlich müssen jetzt »Pflicht« und »Verantwortung« kommen, nebst einer überraschenden Warnung vor »fernöstlichen Sekten«. Selbst der Vietnamkrieg, »Citizen Kane« und der alte Sponti-Spruch »Nur tote Fische schwimmen mit dem Strom« haben ihren Weg in diese Rede gefunden.

Als er ausführt, auch Redegewalt sei Gewalt, ist das Auditorium schon nicht mehr ganz leise, vielleicht, weil auch Reden ohne Redegewalt manchmal so empfunden werden. Er gedenkt auch derer, die nur glücklich sind, wenn sie andere glücklich machen, oder jener, die nur glücklich sind, wenn sie unglücklich sind. Als er seinen Schülern zuletzt wünscht, »dass Sie Ihren Lebensweg glücklich hinter sich bringen«, haben die glücklicherweise erstmal nur die Rede hinter sich.

Abschließend kommt die Sängerin noch einmal auf die Bühne. Aber ihre Stimme will nicht richtig aus dem Körper, was hinter mir zu einem Lachanfall einer grausamen

Mitschülerin führt. »I will feel eternity«, singt sie, der Vater richtet die Videokamera auf die Schreiende. Die letzten Sätze krakeelt sie mehr in den Saal, aber weil sie mit »I will feel free« endet, ist der Applaus zügellos und das Leben kann offenbar beginnen.

In einem Vier-Quadratmeter-Käfig am Zentralen Omnibusbahnhof in Bonn habe ich sie sitzen sehen, meine Vergangenheit. Sie hatte rotes Haar, einen ausrasierten Nacken, ein vierschrötiges, abwesend wirkendes Gesicht, und als der bullige Oberkörper sich straffte, wirkte der ganze Torso viel zu groß für diesen Käfig, das Fahrkartenverkaufshäuschen der Bonner Stadtwerke.

Sein Körper war immer zu groß gewesen.

»Je weniger Geist, desto mehr Körper, je mehr Körper, desto weniger Scham«, zitierte ein Mitschüler gegen Schlottke, der glücklos auf ein anderes Gymnasium ging, unter extremer Triebhaftigkeit litt und jetzt offenbar im Dienstleistungsbereich Nahverkehr untergekommen war. Da er mich nicht ansah und ich mich nicht bemerkbar machte, kamen wir beide in der Gegenwart an, ohne uns wiedererkennen zu wollen. Aber welche Vergangenheit!

Schlottke war von unerlöstem Verlangen. Manchmal quälte ihn sein unkontrolliertes Begehren zwanghaft. Dann rollte er den Pulloverärmel auf und ließ ein Schweizer Armeemesser mit der Klingenspitze abwärts auf dem gespannten Bizeps sausen. Damit hörte er erst auf, wenn die innere Wölbung des Oberarms von Stichwunden übersät blutete und wir zeterten, »laß die Scheiße, das geht noch mal schief!« Schlottke guckte, als wünschte er sich nichts sehnlicher.

Von Zeit zu Zeit versuchte er sich umzubringen, war

aber von so robuster Gesundheit, dass Schlaftabletten oder Barbiturate keine letale Wirkung zeigten. Außerdem hatte er Pech: Ging er nachts an einem Schienenstrang entlang, näherte sich aus dem Dunkel garantiert ein Bahnbeamter und sagte: »Hier wird sich nicht umgebracht.« Mischte er sich einen Cocktail unter Zusatz von Fliegenpilzen, lag er zwar zwei Tage lang gliedersteif und röchelnd flach. Der Tod trat trotzdem nicht an sein Bett. Zum Äußersten entschlossen, hatte er sich eines Nachts sogar in der Garage seines Vaters verbarrikadiert. Dort legte er einen Schlauch vom Auspuff seines Mofas direkt in einen großen blauen Plastiksack, startete das voll getankte Mofa und setzte sich selbst wartend in den Sack. Stunden später, der Tank war inzwischen leer, kroch er völlig unversehrt wieder hervor. Sein Vater verhängte eine Woche Stubenarrest.

Wir waren achtzehn, Schlottke zwanzig, hingen zwischen Schule und Universität herum und suchten etwas Wirklicheres. Ob er es inzwischen gefunden hat? Wie viele Narben trägt sein Bizeps heute? Wann hat er den letzten Versuch gemacht, »sich heimzudrehen«, wie man in Österreich sagt, also das Leben zu verlassen?

Schlottke war nie bei einer Prostituierten gewesen, aber er redete dauernd davon, und zwar wie von einem Delikatessengeschäft, wo man mit dem Finger auf die Ware zeigt, die man will. »Zeigebewegungen«, hat der Völkerkundler Wilhelm Wundt gesagt, »sind zu kurz geratene Greifbewegungen.« So sah Schlottke die Frauen, konnte sie anders nicht sehen. Seine Fantasien kreisten um wenig anderes. In seinen Vorstellungen waren alle Frauen ihm gegenüber prostituiert oder sie prostituierten sich durch ihr Verhältnis zu einem wie ihm.

So hatte ihm irgend jemand einmal den Floh ins Ohr

gesetzt, da sei eine Kleinstadt in Schweden, wo Spielzeug-Puppen hergestellt würden. Deshalb, so ging die Legende weiter, wohnten in der Stadt achtzig Prozent Frauen, kaum Männer.

»Da haste leichtes Spiel«, soll einer gesagt haben, der da gewesen war. »Da hat jeder leichtes Spiel.«

Also fuhr Schlottke in einem Sommer wirklich hin, »wunderschön« seien die Frauen, sagte er nach seiner Rückkehr, man habe wirklich freie Auswahl.

Er selbst hatte sie nicht gehabt.

Immerhin kündigte sich wenige Wochen nach seiner Rückkehr seine libidinöse Erlösung an in Gestalt von »Karla mit der dreimal gebrochenen Nase«. Karla war ihm nicht nur gewachsen, sie war offenbar eine Naturerscheinung.

»Heute Nachmittag ham wir angefangen«, schwadronierte Schlottke nachts in der Straßenbahn Richtung Troisdorf, »vor gut einer Stunde konnten wir dann nicht mehr. Sechs, sieben, acht Mal sind wir gekommen, meistens zusammen.«

Diese Dinge erzählte er wie ein Landser, und da Schlottke zu phantasielos war, um zu lügen, bezweifelten wir kein einziges Wort. Sein Körper litt regelrecht an Auszehrung, und wenn Schlottke manchmal früh um sechs aufstehen mußte, um einen Gelegenheitsjob als Reinigungskraft in einem Krankenhaus anzutreten, stellte Karla den Wecker auf halb fünf, um vorher »noch ein paar Nümmerchen zu schieben«, wie Schlottke erläuterte.

Wir bewunderten Karla, die wir uns starkknochig und vulgär vorstellten. Das Verhältnis zerbrach allerdings eines Tages abrupt, als ans Licht kam, daß Karla neben Schlottke noch zwei Liebhaber befriedigte. Da war er altmodisch, gekränkt, wollte der Einzige sein, ihr allein genügen, und schaffte den Schritt nicht, pragmatisch wie sie auch ohne Überbau sein Mütchen an ihr zu kühlen.

In der traurigen Zeit, durch die sein Triebleben nun wieder gehen sollte, ließen wir einmal in einem Buchladen, ich weiß nicht warum, einen Bildband über Goya mitgehen. In der Bahnhofsgaststätte von Troisdorf setzte sich eine Frau an unseren Tisch und blätterte ganz langsam Seite für Seite um. Als wir ihr den Band am Ende schenkten, brach sie in Tränen aus und sagte:

»Das ist das Schönste, was ich in meinem ganzen Leben gesehen habe.«

Sie war eine Hure und hatte an jenem Tag aus Empfindlichkeit gegenüber den »blöden Texten« der Freier schon um Mitternacht ihre Arbeit im Bonner Bordell abgebrochen. Kaum kannte er ihren Beruf, wurde Schlottke rastlos, fixierte sie unentwegt, wollte kameradschaftlich klingen und war anzüglich, wollte etwas Liebes sagen und brachte etwas Lüsternes raus. Um den Abend nicht noch zu verderben, schlugen wir ihm vor, ins Bonner Bordell zu fahren, »nur zum Kucken«, und er war dabei.

Unter den Mythen unserer mythenlosen Kultur ist das Bordell der rätselhafteste, aber nicht nur, weil sich diese Institution in allen Kulturen von Anbeginn an durchgesetzt und weniger verändert hat als die Kirche, der Schlachthof oder die Schule. Dem Bordell hat die Veröffentlichung, die Vervielfältigung der Bilder, die Durchleuchtung seiner Innenräume, seine Verkitschung in Film- und Literaturstoffen nichts anhaben können. Es ist der Inbegriff des Heimlichen geblieben, und was immer Männer von Frauen wirklich wollen und was Frauen bereit sind, Männern anzutun, hier hat es sein Versteck. Dazu kommen beide Seiten schuldhaft zusammen: die Frau unter Abstrichen an ihrer gesellschaftlichen Achtung, der Mann im Bewußtsein seines Verstoßes, der Ausbeutung.

Die Komplizenschaft zwischen Freier und Hure drückt sich aber nicht allein darin aus, dass sie einen gesellschaftlich halblegitimen Raum bewohnen und ihre Verhältnisse im Tausch organisieren. Ihre wahre Verbundenheit liegt in der Bereitschaft, der Liebe ihre Sentimentalität zu entziehen, um anschließend nachzusehen, wie sie sich organisieren, wie in eine sportive Ordnung bringen, wie mechanisch erzeugen läßt.

Es ist auch das Liebe: reale Lust, auch wenn die Begierde der Frau nur schlechte Pantomime ist, eine vereinfachte Ökonomie gegenüber der verfeinerten der Romanze, und keine Bühne, auf der das Drama der Liebe und das, was aus ihm geworden ist, so authentisch und so auf der Höhe der Zeit inszeniert wird.

Das Bonner Bordell liegt hinter dem Busbahnhof, nicht weit vom Schlachthof, in der Immenburgstraße. Der Eingang ist gekachelt, als würde der Dreck von innen nach außen an die Tür spritzen. Alles abwaschbar. An der Straßenecke liegt noch eine Bar, wo sich die Huren manchmal ausruhen und die Freier ihre Post-Coitum-Traurigkeit alkoholisch therapieren. Ohne all den Publikumsverkehr rund um sein Einflugloch würde das Bordell kaum auffallen, liegt es doch mitten in einer Zeile aus dunklen Geschäftsgebäuden.

Wir parkten den Wagen nicht weit weg und beobachteten zunächst von der gegenüberliegenden Seite, hinter einer Plakatwand, den Publikumsverkehr. Es roch nach Pisse hinter diesen Wänden und wir bereiteten uns auf den ersten Bordellbesuch vor. Aber Schlottke war in einem fürchterlichen Zustand, hysterisch, uneinholbar. Sein Blick ging wie der eines Besessenen über die Fassade, die roten Lämpchen, die Kippflügel, die Bewegung in den Vorhängen, das Flackern der Fernsehschirme, und er las es wie eine Partitur.

»Ich kann das nicht«, ächzte er dann.

»Das« war existentiell gemeint. Seine Lust war erhaben, mehr als er sich und einer Prostituierten zumuten konnte. Völlig geräuschlos und deshalb umso erschütternder brach er in Tränen aus, wir retteten ihn, indem wir ohne ihn das Freudenhaus betraten.

Die gespenstische Nicht-Begegnung mit Schlottke im Fahrkartenkiosk lenkte meine Schritte Stunden später. Es war Samstagnacht gegen 23 Uhr, der Zentrale Omnibusbahnhof lag wie ein toter Chitinpanzer an der Straße, von der Notbeleuchtung schwach illuminiert. Ich bog in die nächtliche Immenburgstraße ein. Auf einem Container saß ein Türke und kotzte. Sonst niemand weit und breit.

Man geht und geht, an den langen unbeleuchteten Fassaden von Speditionen und Schlachthofverwaltungen entlang, dann kommt eine Telefonzelle, der Apparat hat einen rosa Hörer, als würden von hier aus nur die betrogenen Ehefrauen oder die Huren angerufen. Alles in diesem Umfeld hat plötzlich mit dem Freudenhaus zu tun, und sei es symbolisch: zum Beispiel, dass der Schlachthof in der Nähe liegt, daß die Schreie des Viehs zu hören sind, wenn der Wind günstig steht, dass die einzigen Lichter die rot durchglühten Rückfenster des Bordells sind. Selbst die lieblose Sauberkeit der Straße wirkt, als sei jemand mit einem großen Sagrotan-Tuch darüber gegangen, und in den ebenerdigen Stockwerken steht vor der Gardisette-Gardine ein Trockenblumenstrauß in der Vase. Manchmal findet man sogar ein Schild daneben »Nur Dekoration«.

Am Samstag fahren die Wagen um diese Zeit dicht an dicht. Der Bauzaun steht auch noch, hinter dem schon vor fünfzehn Jahren die Männer im Dunkeln pißten oder nach Betrachtung der Frauen im Inneren ihre unbefreite Geilheit loswurden. Die einen stehen nebeneinander als Freunde und bringen sich in Form. Die anderen haben sich nicht getraut, konzentrieren sich jetzt auf eines der Bilder, das sie eben gesehen haben, und verklappen es auf der hohen See des Begehrens.

Auch innerhalb des Baus ist alles noch exakt wie vor vielen Jahren. Das Labyrinth, die Zimmer, das gekachelte Fachwerk-Entree. Die Frauen liegen immer noch und sehen fern, damit die Männer sie in Ruhe betrachten können. Manche lehnen auch rauchend in der Tür und man hört nur Worte wie »verwöhnen lassen«, »richtig schön besorgen«, Worte einer internationalen Sprache der Triebabfuhr. Es gibt kein »Verwöhnen« im Bordell, es gibt keine Verschwendung, alles, was gratis sein muß, läßt sich im Bordell nur simulieren. Aber die Herren können nicht vergessen, was sie gezahlt haben.

Auch die Männer hier entstammen den immergleichen Gattungen. Es gibt den echten Proletarier mit Kunstlederhütchen auf dem Kopf und Schweißgeruch im Schritt. Es gibt den jungen Akademiker mit Dandy Attitüde, den alten mit gutmütig-zärtlichen Neigungen oder den tollkühnen Freier mit dem »Heut-verbums-ich-mein-Gehalt«-Gesicht. Die Frauen blicken jedem bis ins Herz der Finsternis, so da ist, und jeder Gattungsvertreter erhält seine Gattungslust, muß sich rücklings aufs Bett legen, während sie auf der Kante sitzt und das Genital auspackt. Dann sagen die Männer gerne noch etwas Mutiges, Schweinisches, röcheln ein Kompliment und dann kommt der Tod herbei, der kleine.

Mein Prostitut heißt Nadine, ihre Wäsche erinnert an das braune Transparentpapier von Pralinen-Verpackungen, ihr Gesicht ist freundlich. Kaum hat sich die Tür hinter uns geschlossen, ist das Gesicht nicht mehr ganz so freundlich. Mein Geld verschwindet hinter einem Paravent.

Als Nadine wiederkommt, nennt sie mich »Süßer«, fragt, ob ich nicht noch ein bißchen was drauflegen wolle, denn dann hätten wir mehr Zeit und sie »könne« dann ein bißchen mehr machen. Was das sein soll? Mit Massieren, sagt sie, ginge es gleich los. Das kann ich ohnehin nicht leiden. Dann kommen nationale Spezialitäten, die klingen wie die »Sieben Köstlichkeiten« beim Chinesen, dann folgen Ausdrücke, die ich überhaupt nicht kenne. Sie klappert das Menü ab, verspricht von jedem Posten »ein bißchen«.

Ich sage, daß ich »erstmal ein bißchen reden« will. Das kann sie gar nicht empfehlen. Deshalb erhalte ich jetzt einen Ratschlag, der schon so manchem Freier auf die Sprünge geholfen hat:

»Steh hier nicht lange rum und glotz und denk an alle möglichen Frauen. Konzentrier dich ganz auf mich. Alles andere macht dich nur verrückt, und jetzt kuck dir hier den Körper ruhig mal an.«

Sie reibt sich mit einer schweinischen Bewegung erst über den BH, dann über den Bauch – jetzt spitzelt ihre Zunge an den Lippen – bis fast in den Schritt, das heißt, sie schiebt den Mittelfinger unter den Saum ihres Slips und schaut mich grotesk hechelnd an,

»... daß du keine Angst mehr vor dem Bär hast« – sie klopft drauf – »vor dem Bär hier unten.«

Ich sehe mutwillig auf die Stelle, wo ihr »Bär« sich gegen die rote Spitze ihres Slips presst. Angst löst er nicht aus.

Auch sonst nichts.

Sie zieht den Mittelfinger aus dem Bündchen, legt sich stattdessen den flachen Handteller in den Schritt und fährt über dem Slip wie abwesend auf und ab. Das Fernsehen hat sie verdorben. Unwillkürlich kopiert sie, was man ihr dort als Lust, als Erregung vorgespielt hat. Das macht sie nicht schlecht. Nur erregend ist es nicht. Andererseits ist die Liebe in einer Soap oft noch unglaubwürdiger als die Lust.

Sie wechselt das Repertoire:

»Aber dann gibt es natürlich noch so Sensible, die können nur, wenn sie was dabei empfinden, mit Küssen und so, das mußte dir für dein Schatzi zu Hause aufheben. So, jetzt schau mal.«

Mein Kopf ist inzwischen vollkommen leer. Am glücklichsten würden wir beide wahrscheinlich, wenn ich eine Partie Halma mit ihr spielte und dann verschwände.

Weil mir kein Gesprächsthema einfällt, folge ich ihrem Blick auf den stummen Fernsehschirm. Gerade wird dort ein Mittel gegen Gesichtshaarwuchs empfohlen. Ich erinnere mich an die Abbildungen von Show Clowns, Monstrositäten, Verwachsenen mit Hirsutismus im Nacken, dieser bösen, zottigen Körperbehaarung, oder mit »repositio mammae«, einer genetischen Besonderheit, bei der die Brüste der Frau am Rücken angewachsen sind.

In der laufenden Dauerwerbesendung wird aus der Vergangenheit einer stämmigen Frau dunklen Typs gerade ein Bild eingeblendet, auf dem sie einen teils schütteren, teils buschigen Kinnbart trug, ähnlich dem von Yassir Arafat. In der laufenden Sendung dagegen ist ihr Kinn picobello. Im Interview zeigt sich die Stämmige überwältigt vor Freude über die guten Ergebnisse der hier empfohlenen Wunderkur, was sich darin äußert, dass sie selig lächelnd nach schräg oben blickt, wo sie offenbar ihren Schöpfer vermutet. Und wie ihr Kinn dazu glänzt!

Schockierend allenfalls, daß die Enthaarungsmethode wohl in nichts anderem besteht als einem klebrigen Streifen, den man, statt auf Frauenbeine, auf das Kinn klebt und zügig abreißt. Da waren sie nun beide, die Pantomime des Glücks über das »Wunder« der raschen Enthaarung und das Wunder selbst: ein haariger Klebestreifen, einem Fliegenpapier nicht unähnlich, auf dem sich der Bartwuchs der glücklichen Räuberhauptmannsfrau befand.

Ich starrte auf die monströse Veranstaltung noch, als schon die nächste Kaufempfehlung lief und selbst als Nadine sich in ihrer Pralinenwäsche zu mir umdrehte und fragte: »Und, Süßer? Weißt du inzwischen, was du willst?«, hing ich immer noch dem Bild der Bärtigen nach, denn ich hätte beschworen, dass diese Frau mit der bulligen Physiognomie und dem plumpen Profil Karla war, Karla mit der dreimal gebrochenen Nase! Aber selbst wenn sie es nicht gewesen sein sollte, reichte die Wiederkunft des Vergessenen aus, mich das Weite suchen zu lassen.

Und diese Entscheidung zauberte endlich auch in Nadines Gesicht die alte Freundlichkeit zurück.

Honnef, das »Rheinische Nizza«, im Rücken, Remagen voraus, die Stadt, die ganz Balken und Brücke ist. Erst fanden hier Archäologen den Teil einer römischen Palisade aus dem Jahr 1 nach Christus und ermöglichten so die aktuellen 2000-Jahr-Feiern, darunter eine unter dem Motto »2000 Jahre Jeck«.

Dann baute man hier im Ersten Weltkrieg die Brücke von Remagen, Le Pont de Remagen, The Bridge at Remagen, um mehr Truppen und Kriegsgerät an die Westfront bringen zu können. Eine schöne Stahlbrücke war das, mit zwei Eisenbahnstrecken und einem Fußgängerweg, die am 7. 3. 1945 von der 9. amerikanischen Panzerdivision erobert wurde: das »Wunder von Remagen«. Darauf setzte Hitler alles daran, Geschütze wie Kampfschwimmer, die Brücke doch noch zu zerstören, doch das gelang erst am 15.3.1945, als das Bauwerk wegen Überlastung einstürzte und 28 amerikanische Soldaten unter sich begrub. Die Überreste der Brückenpfeiler wurden später in Gießharz eingeschlossen und als Souvenirs verkauft. Die dabei erlösten DM 120.000 flossen in eine Gedenkstätte der »Freunde des Friedens« mit dem Motto: »Laßt uns jeden Tag mit Geist und Verstand für den Frieden arbeiten. Beginne jeder bei sich selbst.«

Das ist die Geschichte. Die Gegenwart, das sind zwei Männer in weißen Unterhemden mit über Kreuz geführten Hosenträgern darüber, zwei Freunde, die am Rhein Schach spielen und dabei von einem nervösen Italiener unablässig unerwünschte Ratschläge erhalten. Läßt der Spieler nur seine Hand über der Dame kreisen, stöhnt der Italiener schon auf. Dem Spieler klebt das nasse Haar in der Achselhöhle wie ein Farnblatt. Von einem Lastkahn namens »Eiltank II« grüßt ein Kapitän hinüber, mit den Füßen auf dem Armaturenbrett.

Warum der Rhein so schön ist, die Frage stellt sich nicht. Aber warum es so still ist an seinen Ufern. In den Auen posiert eine Halbwüchsige vor ein paar jungen Türken: sie in Hotpants mit fetten weißen Beinen, einer ärmellosen Bluse, starkem Lidstrich, trällernd, »itsy-bitsy teeny-weeny yellow polka-dot bikini«.

Die Jungen im Gras, rauchend oder nur so, abgeklärt über den Flußlauf blickend. Sie tun einem Leid, wahr-

scheinlich werden sie gerade ausgewählt. Das Türkenlieb-
chen giggelt und tänzelt und winkt auch mich heran.
Guckt.

»Was kann man hier machen?«, frage ich.

»Nichts, aber auch gar nichts!«, sagt sie. »Und in Honnef ist es noch schlimmer.«

Einer der Jungen faßt sich in den Schritt, als müßte er
sich lustfertig machen. Vor der geilen Aggressivität des
Mädchens sind sie hilflos. Sie will von den Knaben nicht
verführt, sie will unterwandert werden. Kaum versuchen
sie, irgend etwas unter sich auszumachen, mischt sie sich
ein, denn sie duldet keine Unterhaltung, die sich nicht auf
sie bezieht.

Auf der Straße Blaulicht. Leute laufen hinterher. Einer
ruft zweimal: »Es ist etwas passiert!« Als ob sonst nie etwas passierte! Für einen Moment hat das Mädchen Präsenz verloren. Doch die Jungen, souverän, erheben sich
nicht.

»Wo waren wir stehen geblieben?«, fragt das Mädchen
zufrieden in die Runde.

Stromaufwärts sitzt neben der leeren Parkbank eine alte
verbogene Frau im Rollstuhl. Weit und breit kein Mensch.

»Der Jörg ist mal eben gegangen, um sich was zu trinken zu holen.«

Eine Viertelstunde später immer noch kein Jörg. Gemeinsam blicken wir auf das Wasser, die gegenüberliegenden Hügel. Sie kennt den Blick in- und auswendig. In ihrer Erklärung ist der Jörg offenbar nichts Geringeres als
ein guter Mensch, »aber das Schlimmste ist die Einsamkeit. Die Abende gehen ja gar nicht vorüber.«

Ihr Teint ist ganz pudrig, die Hand besteht nur aus Bin-
degewebe zwischen den stark hervortretenden Adern, ihre

Wangen hat sie ungleichmäßig mit Rouge bestäubt. Sie ist reizend, aber gerade das Menschliche ist oft so geschwätzig:

»Früher, da haben die mich ja manchmal rausgefahren, da kam ich erst in der neunten Stunde heim. Dann war der Abend nicht mehr so lang. Aber jetzt sitzen Sie mal den ganzen Tag da und haben nie – man – den! Am Freitag kommt mein Sohn, aber der ist ja immer ganz erledigt von all seiner schweren Arbeit. Da hat er dann bei mir seinen Stuhl, da setzt er sich hin und schläft ein. Ich laß ihn ruhig schlafen, ist ja die beste Medizin. Ja, wenn ich reich wär', da würd' ich mir einen kaufen, das sag ich Ihnen, aber so bin ich nur ein armes Luder. Jetzt waren ja einige Zeit wenigstens die Zeugen Jehovas zu mir gekommen. Zwei sehr nette junge Menschen. Aber dann haben die mich doch tatsächlich mit meinen 76 Jahren noch taufen wollen! Na, was soll ich mich denn jetzt noch taufen lassen! Und das hab ich denen auch offen gesagt. Und was soll ich sagen: Die sind nicht mehr wiedergekommen, nie mehr. Ja, müssen die Menschen denn immer Hakenfüße haben? Haben Sie mal gesehen, wie die taufen? Da wird alles untergetaucht. Die wollen dich ersaufen, hat mein Sohn gesagt. Ja, denken die denn gar nicht an meine Behinderung?«

Es regnet bitterlich auf Trier, die Porta Nigra, schwarz und klobig, wird noch schwärzer. Was soll man eher bewundern, die Ästhetik oder die Leistung? Wäre sie ein antikes Parkhaus, das letzte übrig gebliebene Parkhaus aus Jahrtausenden, es würde nach hunderten von Jahren doch auch automatisch schön gefunden, schön, wie eine Autobahnbrücke aus dem 21. Jahrhundert im 23. erscheint.

In vielen alten deutschen Städten kämpft die »Centro Storico«-Idee gegen die »Altstadt«: Mal, wie in Eisleben und Speyer, triumphiert das Ensemble, mal, wie in Mölln und Trier, versammeln sich eher lauter museale Einzelstücke und ringen um die Verbindung zum Gemeinschaftsleben.

Während ich im Café am Dom in einen allmählich aufklarenden Himmel blicke, überschüttet mich ein Mann mit gefallenen Mundwinkeln und einer seltsam grämlichen Sprechstimme in einen Monolog über die Arbeit von Fernsehmoderatoren:

»Was ich an ihrer Arbeit so bewundere«, sagt er, »das ist ihre Fähigkeit zu lachen. Ich muß Ihnen sagen, das wäre für mich das Schwerste. Nicht, daß ich kein komischer Mensch wäre. Manche finden mich sogar sehr komisch und lachen oft über mich. Aber ich selbst finde mich nicht komisch. Vielleicht unfreiwillig. Nein, das Lachen, dieses einfache So-Herauslachen, das fällt mir schwer. Das ist nichts für mich. Ich habe schon mal ein Training besucht, einen Workshop, gesund soll es ja auch sein, aber schon nach zwei Stunden hat die Lehrerin gesagt: Lassen Sie es bleiben, das wird nichts. Das ist nichts für Sie. Da war ich heilfroh. Ich hatte mich schon richtig verkrampft.«

Das alte Ensemble spiegelt verfallene Herrschaftsverhältnisse noch durch die Sprengung jeder Proportion: vorn die farbige Reihe Bürgerhäuser, die klaren Fachwerk-Strukturen, dahinter der viel zu hoch aufragende, Schatten werfende First des Kirchendachs.

Als die Sonne hervorbricht, wird die Stadt leutselig. Ein kleiner gedrungener Mann mit einer kreuzförmigen Narbe auf der Stirn ist die Fleisch gewordene Lebensfreude und kommt »von der Musik«, sagt er. Tatsächlich klingt seine Sprechstimme nach dem klassischen Sänger. Das war immer so, schon als er noch bei Wuppertal in den Berg fuhr.

»Vom Dunkel des Schachts ins Rampenlicht der Oper«, titelte damals die Zeitung. Unvergeßlich: »Das hätte ein Filmtitel sein können, da staunen Sie. Ich war Bergarbeiter, bin aber in Bad Reichenhall aufgetreten, als Sänger, Franz Mehs aus Wuppertal. Groß bin ich ja nicht und auch nicht so schön, oder? Trotzdem bin ich da bald rein ins Heldenfach. Aber das ging natürlich nicht so gut, von der Stimme mal abgesehen. Dann die schwere Verletzung. Im Berg ist das passiert, und ganze zwei Jahre hat es gedauert, bis der Kopf wieder aufgebaut war.«

»Und die Stimme?«

»War ja nicht so groß, aber man hört sie durch, was?« Er intoniert ein wenig knödelnd.

»Wenn Sie weitermachen, stell ich den Hut auf.«

»Gott bewahre«, winkt er ab, im Weitergehen weitersingend.

Aus der Stadt raus, Luxemburg zu. Erst das »Tiefkühlparadies«, drei Häuser weiter die Matratzenfabrik, dann ein Plakat mit dem Schädel Roman Herzogs und dem Slogan: »Durch Deutschland muss ein Ruck gehen«. Der geht durch Deutschland genau gegenüber. »Zum Hühnerstall« heißt das Eroscenter und hat auf seiner Schauseite die Imitationen alter Fresken mit Nackten in zweideutigen Positionen, die man im Eroscenter vermutlich nicht wiedersieht. Dann das Wasserbettenzentrum, »Lifestyle in Langsur«, »Faszination Glaskunst« und keine Lebensmittel, aber Wellness. Zuletzt echte Alleen, echter Mischwald.

Echte Kleinstadt-Idyllen: Es ist Samstag. Wirklich wird der Wagen gewaschen, wirklich tragen die Halbstarken ihre halbstarken Sonnenbrillen aus, wirklich wienert die »Freiwillige Feuerwehr Igel« ihre zwei Löschzüge, und die

Verbraucher aus dem Ort »Oberbillig« setzen mit der Fähre über nach »Wasserbillig«. Das alles sieht man auf einen Blick von der höchsten Erhebung der Gegend aus, dem 303 Meter hohen Berg »Auf dem Schock«.

Geschichte am Wege: Die alte romanische Pfarrkirche von Igel war ursprünglich dem heiligen Dionysos geweiht und bildet das »bedeutendste römische Pfeilergrabmal nördlich der Alpen«. Ja, um 250 nach Christus war dies ein aufregender Ort. Heute sind die Vergnügungen der Jugend von Igel: Man färbt sich die Haare, stellt sich auf Rollerblades, zieht sich satanistische Klamotten an, wirft sich im Abstand von sieben Metern einen zur Hälfte mit Wasser gefüllten Luftballon zu und lacht. Manchmal wirft man ihn ins Dornengestrüpp, weil man nicht richtig werfen kann und weil es dann spritzt.

An der Uferstraße von Igel verunglücken Betrunkene, indem sie mit dem Fahrrad in den Fluß fallen.

»Hier kriegen sie gleich Seebestattung mit Fahrrad«, meckert die alte Heike, die hier den Wohnwagen-Park bewirtschaftet. Unter dem schwarz-rot-blonden Wimpelmeer der beflaggten Trailer wendet sie ihre Aufmerksamkeit gerade den Fahrzeugen mit den Namen »Hobby deluxe« und »Südwind maxi« zu. Ein paar Schritte weiter ist »das Befischen des Teiches ohne Erlaubnisschein verboten«, und die Luft ist förmlich gesättigt von der Empörung der Besitzer: »Sie haben meinen See befischt!«

Das Wahrzeichen von Igel ist überraschend ein Igel. Nicht das 23 Meter hohe Sandstein-Grabmahl, das den Todesgöttern geweiht wurde, die berühmte »Säule von Igel«, in deren Schatten heute nur zwei Kinder sitzen. Das dickere sagt:

»Neulich hab ich versucht, das ganze Alphabet durchzurülpsen, aber bei P ist mir schlecht geworden.«

»Lieblichkeit und Würde« bescheinigte Goethe dem Ort, als er am 26. 8. 1792, auf dem Weg nach Frankreich, hier durchpassierte. Eine Plakette hat er dafür bekommen, aber während ich sie gerade abschreiben will, schreit das dicke Kind schon dazwischen:

»Meine Mutter sagt, der hat hier nur gepißt!«

Es rührt mich zu hören, wie in den Erzählungen des persischen Taxifahrers aus Saarbrücken immer noch die Tonlage der Scheherazade, des morgenländischen Fabulierens, der guten Schnurre nachklingt. Selbst in gebrochenem Deutsch mobilisiert er eine Wucht der Sprache, die nichts weniger ist als ein Geschenk für den Hörenden:

»Hören Sie: Vor fünf Jahren war ich ein erfolgreicher Geschäftsmann, zwischen Deutschland und dem Iran, und glauben Sie mir, damals hätte ich Ihnen gesagt: Wenn ich in Teheran das Fenster aufmache, zieht es in Deutschland.

Dann verlor ich alles. Denken Sie nicht: durch meine Schuld. Nein, die Schuld einer persischen Bank war das, die einen schweren Fehler machte. Ich war bankrott. Also verlor ich auch meine Frau und meine Kinder.

Verzweifelt war ich, hoffnungslos sogar. Nichts bleibt mir, sagte ich zu mir, doch darf ich mich gehen lassen? Darf ich mein Leben vergeuden? Nein« – er schlägt sich mit der rechten Faust gegen die Brust – »nein, zu meiner Erlösung absolviere ich den Taxischein.

Nun hören Sie gut: Am ersten Tag werde ich zu einem großen Krankenhaus gerufen. Ich fahre vor. Hören Sie: Hier spreche ich von meiner allerersten Fahrt! Ich lade eine junge Frau ein, mit einem sehr kleinen Kind, eingewickelt in ein wollenes Tuch. Die junge Frau ist sehr unglücklich. Tränen fallen aus ihrem Gesicht.

Ich fahre los, aber ich sage auch: ›Ich möchte mich Ihnen nicht aufdrängen‹, sage ich, ›aber wenn es etwas gibt, das ich tun kann, Ihnen zu helfen, dann möchte ich es tun.‹ Da fängt die junge Frau an zu weinen, bitterlich an zu weinen, die Tränen fallen in ihren Schoß. Eine nach der anderen, runter in ihren Schoß.

Ich lenke den Wagen auf den Seitenstreifen und wir weinen beide. ›Schauen Sie sich dieses Kind an‹, ruft die Frau ganz laut, und ich drehe mich um. Sie schlägt die Wolldecke zurück: Ich sehe direkt in das Gesicht des häßlichsten Kindes, das es auf der Welt gibt. Ein Auge hier oben, eines hier unten, die Nase breit und schief, der Mund mit einem Winkel nach oben, einem nach unten.

›Dieses Kind ist neun Jahre alt‹, sagt die Frau. ›Es will nicht wachsen. Wir haben alles getan, all unser Geld ausgegeben, wir haben uns ruiniert für immer neue Operationen, die neunte ist eben vorbei, und alles, was wir haben, ist das hier! – Und es wächst auch nicht!‹

Ich habe gar nichts mehr sagen können. Sie hat das Kind wieder in die Wolldecke gepackt, und ich habe sie nach Hause gebracht. Geld habe ich keines von ihr genommen. Es war meine erste Fahrt.

Dann bin ich weggefahren, aber nicht weit. Dann habe ich den Wagen geparkt und geschrien (er tut es mit zum Himmel gerichteten Augen): Was willst Du denn noch? Was willst Du denn noch?«

»Sie haben zu Gott geschrieen?«

»Nein, zu mir selbst habe ich geschrien: Was willst du denn noch? Du hast einen gesunden Sohn, bildhübsch, er liebt seinen Vater abgöttisch, ist gut in der Schule. Ich fahre diesen Wagen unter dem freien Himmel. Wäre ich ein Alkoholiker, läge in einer Ecke, er könnte nicht stolz sein auf seinen Vater. Aber so muß er sagen: Mein Vater hat kein Geld, aber er ist ein ehrlicher Mann.

Von dem Tag an bin ich zweimal pro Woche zwei Stunden schwimmen gegangen, um nicht verrückt zu werden, um mich nicht gehen zu lassen, um in Form zu bleiben ...«

»Erstaunlich.«

»Ja, die Fahrgäste sagen mir oft: Das sollten Sie aufschreiben! Aber ich schreibe kein Tagebuch. Ich schreibe Quittungen.«

Frankfurt am Main. Eine Spezies Mensch entsteht oder schwärmt von hier aus. Als sie sich jung fühlten, waren sie die Avantgarde des Herzens als die Verliebten bei Burger King und überreichten sich zum Einjährigen Geschenkgutscheine. Zehn Jahre später gehen sie zum Ostereiersuchen politischer Parteien. Und noch zehn Jahre später haben sie öfter auf die Uhr gesehen als ins Gesicht ihrer Frau.

Inzwischen tragen sie Bürstchenbart und Flughafenkrawatte unter der bösartigen, gewaltbereiten Erfolgsfresse, dazu ein Einstecktuch voller Comic-Motive. In Kriegsmetaphorik reden sie vom Geschäft, in Zoten vom Privaten. Unsentimental, aber voller Dünkel über das Zwei-Prozent-Wachstum ihrer Branche, wurden sie vom Kino verdorben, sehen sich als Haie aus »Wall Street« und beherrschen nicht mal Pforzheim. Im Büro Instant-Kaffee mit H-Milch, zum Geschäftsessen irgendein Matsch mit Mandel-Limonen-Dressing, drehen sie am großen Rad der Welt, »Profitmaximierung« genannt, und sind neckisch genug, zum Signalton ihres Handys den »Schwiegermuttermarsch« zu wählen.

Da rennen sie also, die besser shoppen als küssen, und

trotzdem hat sich das Mädchen für ihr Bewerbungsgespräch im Bistro einen Faltenrock angezogen, die Haare zusammengebunden und eine Bluse angezogen, lang genug, die Tätowierung zu kaschieren. Ihr Gegenüber ist offenbar ein hoher Würdenträger der Straßen-Gastronomie, er hat einen Platz in diesem Habitat zu vergeben. Dafür schweigt sie, macht ein Gesicht wie aus dem Bewerbungslehrbuch, legt ihr Leben in Papieren auf den Tisch. Er läßt dies Leben draußen kopieren. Sie werde, sagt er, »ein lockeres, legeres Team vorfinden«. Aber an der Art, wie er die Kollegin zum Kopieren ruft, ahnt man: Locker und leger ist hier nur einer.

Jetzt ist er in seinen Ausführungen an einer Stelle angelangt, in der man viel Gebrauch machen muß von den Worten »variabel« und »flexibel«, sie scheint erst zu ahnen, dass es hier um Überstunden und Wochenendarbeit geht.

Ich blicke hinaus auf ihren Arbeitsplatz: Sechs Tische in der Sonne, zwölf drinnen zwischen dem roten Holz und den schwarzen Marmorleisten. Beginnt in diesem Augenblick ein neues Leben, stumpft an dieser Kulisse künftig über Jahre ein Blick ab wie ein vom Wasser gerundeter Stein? Und welcher Blick in welche Welt?

Hier, zwischen den Hochbauten, ist gewissermaßen das Unterholz der Dekadenz. Alles scheint durchlässiger, gieriger und doch auch unberührbarer. Da sind die Offiziere der Geschäftswelt, die Markwortisten mit ihrer Grausamkeit und ihrer Herablassung gegenüber Dienstleistern, dort die Dropouts und Junkies, die wie Kuriere aus einer exterritorialen Welt hineingekommen sind, Geld fassen und laufen, um jenseits der Demarkationslinie im Dreck niederzugehen und zitternd eine Kanüle in den Arm zu jagen. Und zwischendrin die Nutten wie Späherinnen, die unter den Markisen warten, ein bißchen zu

111

lange vor den Schaufenstern stehen. Was also sieht der Blick jeden Tag?

Der Personalchef hat jetzt das Wort »kundenfreundlich« verwendet. Das kennt sie, aber weiß man je, was es bedeutet? Zuletzt versichert er ihr, die kaum den Mund aufgemacht hat, dies sei ein »gutes Gespräch« gewesen. Dann sagen beide: »Alles klar«, und der Personalchef fügt noch an: »Okay, super«.

Ich folge ihr, wie sie durch die Sonne eilt, um die Ecke, sie lächelt noch immer. Noch im Gehen wählt sie eine Nummer: »Ich glaub', ich hab's.« Das klingt schon wie: »Und weißt du was: Ich hab die Titelstory!« Naja, soll man pathetisch werden, weil es trostlos ist, oder ist es nicht eher trostlos, wenn man zwischen den Kathedralen der Hochfinanz etwas errungen hat, das »Arbeitsplatz« heißt? Das spült man abends vielleicht einfach mit drei Titeln von Britney Spears hinunter.

Sie geht immer noch zügig voran. Vor dem Eingang des Europa-Kinos warten drei Freunde, die ihr einen Joint rüberreichen und schon übertrieben lachen. Sie zieht zweimal und plappert wie ein Äffchen auf der Drehorgel. Als die Tüte runtergeraucht ist, lösen sie vier Karten für »Tomb Rider«. Die Viertel-vor-sechs-Vorstellung ist kaum besucht. Ein paar Japaner sitzen einzeln, zwei Pärchen sitzen einzeln zusammen.

Einer dieser Spots läuft, in denen sich Bürochefs, furchtbar gut gelaunt, vom Genuß einer Eiskrem zu typischem Freizeitverhalten hochpeitschen lassen. Der anschließende Trailer ist eine Fortsetzung dieser Werbung mit denselben Mitteln. »Coming soon« kündigt einen Designer an, der sich beim Dinner-Zubereiten eine Möhre unter die Nase klemmt. Die Angebetete nennt ihn dafür »völlig verrückt« und wird ihn, das weiß man, mit einer weich gezeichneten Liebesnacht mit gekrallten Fäusten im Laken belohnen.

Hinter der Leinwand zwei Stimmen. Da sitzen Menschen. Es ist wie ein Special Effect.

Angelina Jolies Gesicht sieht man in der ersten halben Stunde nur vier Sekunden am Stück. Ihre Beine länger. Als ich gehe, liegt die kleine Bistrokellnerin in spe in den Armen ihres Nachbarn. Ihre Augen sind geschlossen. Vermutlich träumt sie von Personalchefs mit eingeklemmten Möhren unter der Nase. Die Augen ihres Freundes dagegen lösen sich nicht von Frau Jolie.

In Offenbach roch ich zum ersten Mal »die Parfüm gewordene Perle« »Initial« von »Boucheron«, Paris, und während ich das tat, habe ich gleichzeitig von meinem Hotelzimmerfenster aus einen Mann gesehen, der im hohen Bogen in seine Wohnstube pißte.

Wenn ein amerikanischer Präsident vor einer Menge eine Limousine besteigt oder ein Flugzeug, überbrückt er den Weg, indem er gezielt ungezielt, jedenfalls mit gespreizter Hand, in die Menge winkt. Oft streckt er anschließend sogar seinen Zeigefinger aus, grimassiert wie in plötzlicher Erkennung eines einzelnen Punktes in dieser Menge und fünfzig Fans dürfen sagen: Er meinte mich.

Das haben die Präsidenten von den Popstars, die nie eine MTV-Bühne betreten, ohne auf die Menge zu zeigen, den Fan zu isolieren und zu winken. Wie schön kann das Mariah Carey! Mit drei Fingern klimpert sie rhythmisch zu ihrem Wimpernschlag, und wenn sie »Hero« ausklingen lässt, dann nie ohne die Zeile »and the hero lies in you« mit dem ausgestreckten Zeigefinger zu begleiten, Schwibbögen in die Luft zeichnend, von Kopf zu Kopf zu

Kopf zu Kopf, »lies in you – hu – hu –hu«. Alles Helden. Auch dicke Menschen, die in Löchern wohnen und unter Vulkanlampen schlafen, deren Bewegung ihr Temperament spiegelt, stellen sich Frauen vor, die hoch oben auf der Gangway stehen und ihnen mit zwei flügelschlagenden Fingern zuwinken.

Auch die lokalen Bankdirektoren, die der Stadt Mainz ein paar Girokonten beschert haben oder so ähnlich, betreten die Fernseh-Bühne nur, um so in die Menge zu zeigen, wieder erkennend, isolierend und winkend. Und auch die Hostessen, die den Scheck anreichen, winken kleinklein ihren Fans. Und da unten stehen rotgesichtige, hart an der Entgrenzung befindliche Winker im Publikum, erweckt, weil die alte Regional-Kamera von der Schulter eines Altgedienten aus ihr Objektiv auf sie richtet und blendet? Nicht sie.

Homo salutans, der Grüß-Mensch ist erwacht. Winkt er bloß zurück? Nein. Winkt er denen daheim? Kaum. Er winkt, weil das seine Existenz ist, weil er ein winkendes Leben führt und nur so winkend auf die Schönheit des eigenen Lebens und sein Recht auf massenhafte Vervielfältigung aufmerksam machen kann. Hat er denn nicht begriffen, dass der Zeigefinger so wenig ernst gemeint ist wie das »I love you«? Nein, seine Bedeutung liegt woanders: Er ist ein Kontrastmittel. Hat man ihn gesehen, weiß man, was ein Star ist.

Aber das macht nichts. Der Sparkassendirektor ist keiner, die Menge auf dem Platz ist kein Saalpublikum, der Filmbeitrag ist nur für den Heimabend. Aber die Rituale sind dieselben, von den großen Bühnen hinuntergesickert bis auf die kleinsten, und in diesem Zeremoniell genießt der Direktor seine Solokarriere wie der Huhu-Macher seine Romanze mit der Kamera.

Großmacht Saalpublikum. Wohin man auch blickt, es ist immer schon da: Auch im Mainzer »Fernsehgarten«, einem Erlebnispark gegen Vitalverstimmung, hat es sich eingestellt, das Saalpublikum, und es ist immer das nämliche. Da sitzt es, großflächig verklebt wie eine Bildtapete, vom wohlwollenden Kameraschwenk einmal abgestreichelt, und da der Gastgeber »Guten Tag« sagt, lächelt es und klatscht wohlwollend zurück, und denen draußen stellt der Gastgeber sein Publikum vor wie einen jener großen Hunde, von denen die Besitzer immer sagen: »Er will doch nur spielen.« Nur beißen tun sie trotzdem.

So ein Saalpublikum ist ein ideales demokratisches Gegenüber, es ist nämlich nicht nur von grenzenloser Kompetenz und Abstimmungsbereitschaft, man weiß auch schon immer genau, wie es sich verhalten wird. Seine Beschlüsse sind einstimmig, es klatscht einstimmig, es johlt einstimmig und es höhnt einstimmig. Wenn es in einer großen Stadthalle einsitzt und vermutlich zu seinem Vergnügen angereist ist, ist es meistens gutmütig, kann von Applaus zu Applaus, von Vorurteil zu Vorurteil gezogen werden, kennt nichts Böses und beantwortet Probleme mit einem herzhaften »Vamos a la Plajaha-ha-hahahaha«.

Von einem solchen Saalpublikum könnte man die Staatsgeschäfte einer Legislaturperiode an einem Fernsehabend absegnen lassen, aber wehe, wenn das Saalpublikum einer problematischen Sitzung beiwohnt, wo ein Standpunkt vorgetragen wird, etwa wie: »Gift ins Meer schütten macht man nicht« oder »in der Ex-DDR, was es da für üble Typen gab« – so was taucht ja oft ganz beiläufig auf – da wird das Saalpublikum so was von böse, also, da läßt es nicht mit sich spaßen. Erst jetzt wird ihm nämlich klar, wie viel Wut es immer schon im Bauch gehabt hat, vierzig Jahre schon war es latent bodenlos erzürnt über alle diese üblen Übelstände, und da muss also der Gastgeber, so zur Lackmusprobe der Wutbereitschaft, nur ein Thema nennen, und schon ist das ganze Publikum eine einzige gut gekleidete Zornesfalte und will das künftig nicht wieder sehen, diese Stasi, diesen Kinderkrebs, dieses Ozonloch, diese Alten ohne Essen auf Rädern. So was macht einem wirklich das Leben zur Hölle, und noch schlimmer ist es, wenn zwei verschiedene Standpunkte wie im Triller vorgetragen werden, zum Beispiel: »Stimmt ja gar nicht« und: »Ist ja wohl wahr.«

Also in diesem irisierenden Spektrum von Meinungsnuancen kennt sich das Saalpublikum spontan aus wie der Maulwurf im finsteren Erdreich. Ahnungslos, aber voller Urteil, heftet es sich auf die Schweißfährte seines Opfers und will es baumeln sehen. Erwärmt vom Strohfeuer seiner Begeisterungen und Empörungen sekundiert es notfalls im Konsens des niedrigsten Instinkts. So ein Saalpublikum kann niemals umgestimmt werden, denn die einzige Übereinstimmung, der es folgt, ist die Übereinstimmung mit sich selbst, herausgeschrieen in der Tautologie: »L' État c'est moi.«

Das Gegenteil ist wahr, denn gerade weil der Staat so gemäßigt, so vollstreckungsfaul und so weit weg existiert und seine Bürger zu realer Ohnmacht verurteilt, deshalb ist das Saalpublikum so exekutionsbegierig und macht der fernen Regierung gerne vor, wie spontan sich Entscheidungen treffen und durchsetzen ließen. Deshalb lacht jeder da, wo es zwar nichts zu lachen gibt, wo aber auch der Nächste dennoch lachen wird, und in einem sonst beispiellosen gegenseitigen Zuvorkommen höhnt jeder, bevor noch der Nachbar höhnen kann, im Wettbewerb mit seinem Nächsten und für alle.

So agitiert und vollzugsbereit ist das Saalpublikum ein

Idealbild der Nation. Unbestechlich, weil unberührbar, ist es die letzte Verkörperung des Souveräns, eines parteiischen Gewaltmenschen voller Ressentiment und Grausamkeit, Alleinherrscher des ungesunden Volksempfindens, so wie es sich nur unter dem gestaltpsychologischen Grundsatz verwirklicht, daß das Ganze mehr ist als die Summe der Teile. An das Saalpublikum muss ich immer denken, wenn ich den Ausdruck »Mehr Demokratie wagen« höre. Das haben nacheinander so von oben herab Willy Brandt und Franz Schönhuber gefordert, aber so richtig wagen kann man Demokratie eigentlich nur von unten, und wer die Herrschaft des Volkes einmal als Großmacht Saalpublikum erlebt hat, weiß auch, wie viel man wagt.

Wenn Michel Foucault Recht hat, ist Macht aufgeschobene Gewalt. Und wirklich: Wo immer sich ein wenig Macht angesammelt hat, stehen schon ein paar Strafen bereit. Der Kunde, der Konsument, der Angestellte und der Dienstleister, sie alle sind gefangen in diesem Netz von möglichen Übertretungen. In einem Dschungel der Regeln wird ihnen das richtige Leben so schwer gemacht, daß sie eigentlich immer unmittelbar vor ihrer Ergreifung stehen.

Im Umkleideraum für das Personal eines Supermarkts sah ich einmal einen Spiegel, über dem ein Schild hing mit der Aufschrift: »So sieht Sie der Kunde.« Und niemand, der hineinsah, war letztlich gut genug für den Kunden. Doch wenn man es recht bedenkt, dann ist der Kunde auch nichts Besseres als ein verkappter Ladendieb, den eine Tafel über den Regalen anbrüllte: »Hier wird aufgepaßt. Und zugefaßt.« Und wenn das nicht hilft, dann fertigt man eben eine Zeichnung von seiner Ergreifung an – komplett mit rotem Kopf, fliegendem Schweiß, indignierten Gaffern – und setzt hinzu: »Bloßgestellt vor allen Leuten.« Das wirkt. Wir können auch anders.

»Intern 53 für 11.« Das Mädchen mit den schwarzroten Haaren beugt sich zur Wechselsprechanlage. Während sie mit gedämpfter Stimme in das Gerät spricht, blitzt ihr Zungenpiercing. Eine Hand mit einem Ring aus zwei silbernen Füßen bleibt auf der Tastatur ihrer Kasse liegen. Die Tüte Vanillesoße ist nicht ausgezeichnet.

Sie fragt die Kundin: »Wissen Sie, was die kostet?«

»Nein.«

»Ich kann nicht fragen, die Information hat schon geschlossen.« Sie zeigt auf ein erloschenes rotes Licht neben ihrer Kasse.

»Macht nichts«, sagt die Kundin, »legen wir sie weg.« Die Tüte wandert ins Abseits. Die Nächste in der Schlange, eine erfahrene Hausfrau, nimmt sie in die Hand.

»Ich glaube, es waren einszwanzig«, sagt die Kundin. Die Hausfrau wendet die Packung hin und her. »Auf der Basis von Sahne hergestellt, ne?«

»Ja.«

»Auf keinen Fall einszwanzig, neunundachtzig würde ich sagen.« Sie legt die Tüte wieder zu den Sachen der Kundin.

»Neunundachtzig?«, sagt die Kassiererin. »Wie kommen Sie darauf?«

»Also Milch ist neunundsiebzig. Für die Sahne kommen dann noch mal zehn Cent drauf.«

»Also einsachtundneunzig«, sagt die Kassiererin.

»Genau«, erwidert die Hausfrau.

Man traut seinen Ohren kaum. Endlich freie Marktwirtschaft.

Ich ging nachts, lange nach Mitternacht, am Main spazieren. Die Promenade lag erleuchtet leer. Dann und wann schnellten Fische unsichtbar, doch laut klatschend aus der Strömung. Auf der Treppe kam mir ein korpulenter südländischer Junge im gelben Hemd mit einem Mädchen entgegen. Ihre bloßen Arme waren für einen Augenblick das Hellste in der Nacht. Stromaufwärts lagerten zwei Stadtstreicher bei einer Touristin, die mit dem Rad gekommen war, und redeten in verschiedenen Sprachen. Noch weiter weg lag im Gebüsch ein Bündel Mann reglos neben seinem Hut. Drei Enten flohen vor mir aufgebracht ins Wasser. Er aber rührte sich nicht. Unter der Brücke mit den Baugerüsten und den Geräten wurde mir kurz unheimlich, dahinter verdunkelte sich der Weg und nur von fern schimmerten die gelben und weißen Lichter einer Industrieanlage bis in den Fluß. Ich setzte mich ans Wasser und dachte an nichts.

Auf dem Rückweg sang am anderen Ufer ein Türkenjunge lange, schwingende Melodien, die wie eine inbrünstige Klage klangen.

Heute vor dreißig Jahren starb mein Vater.

In einer Gaststätte in Mannheim komme ich mit zwei schimpfenden Frauen ins Gespräch, die irgendwo im versauten Umland in einer Rotlichtbar arbeiten. Als »Künstlerinnen«.

»Was für Kunst?«

»Tänzerinnen.«

»Striptease?«

»Lesbennummer. Aber jetzt sind wir gefeuert.«

»Die Zeiten sind vorbei, oder? Fernsehen … Internet …« Blabla.

»Im Gegenteil. Die Leute haben geschrien: Macht so schweinisch, wie ihr könnt. Jeden Abend haben wir unser

Bestes gegeben. Aber der Chef behauptet, wir hätten beim Orgasmus ins Publikum gelacht.«

Ein Medienmensch sitzt in der Nähe, erkennbar an diesem kritisch-konzentrierten Gesicht bei der Lektüre. Aussehen soll es, als studiere er die »Phänomenologie des Geistes«, aber er liest die »Bunte«. Jetzt hebt er den Kopf.

»Dagegen kann man klagen.«

Deutschland: Als ich gehe, diskutieren sie zu dritt die arbeitsrechtlichen Möglichkeiten zum Kündigungsschutz bei realitätsnahen Orgasmus-Darstellungen.

Der Pabba bestellt sich einen Champagner Rosé, dreht sich zu den Umsitzenden wie einer jener Hartgummi-Cowboys, die sich nur um die eigene Taille drehen können, und setzt noch einen drauf: noch die Blattsalade mit Tausend-Eiland-Dressink und die Flasch Wasser. Herrlich, so ein Sonntag in der Fußgängerzone Heidelberg, findet er und eröffnet das Gespräch mit seiner Frau durch den Ausruf: »Wat Menschen! Wat Menschen!« Das findet seine Frau auch. Sie eine von ihnen. Einmal pro Woche mondän, legt sie all ihren Goldschmuck an und steckt die fetten braunen Füße in Espadrilles. Freizeit eben.

Und was für eine Aussicht: da zwei slawische Trompeter mit ihrer Version von »Mein Hut, der hat drei Ecken«, dort die Senioren-Fahrradgruppe aus Bad Driburg, in der Tour-de-France-Ausrüstung; Japaner überall, die haben ja hier schon eigene Kioske mit japanischen Bedienungen und Parcel-Service ins ferne Nippon; fotografierende Familienväter, die für die künstlerische Perspektive immer wieder in die Knie gehen; Jesus-Yuppies, überzeugt, mit Schlips käme man leichter ins Paradies, und die untröstlichen Witwen humpeln in schwarzen Nylonstrümpfen untröstlich in die Messe.

Das Kino »Lux/Harmonie« aber zeigt heute nur Zerstörung: »Pearl Harbor« und »Die Mumie kehrt zurück«. Das Thai-Lokal heißt »Goldenes Herz«, das Bierhaus »Jack the Ripper«, andere Läden haben sich Namen gegeben wie »Knüllers Kiste«, »Globetrotter. Der Outfitter«, »Augenweide«, »Murkels Maus«. Viele heißen schon »www« mit Vornamen, »de« mit Nachnamen. Aber will man da reinklicken, wo man nicht mal eintreten möchte? Die einzigen noch nicht von Kreativität Kontaminierten, das sind die Metzgereien. Bei Fleisch, da gibt es nichts zu beschönigen.

Von meinem Stuhl am Platz habe ich die Kulisse, den Pabba und die Zeitung im Blick. Die Themen des Tages sind heute: der elektronisch gesteuerte Pomuskel-Trainer, der Handy-Finder-Suchdienst für Eifersüchtige, die Neufassung der Kraftstoff-Richtlinie, das Medien-Gen im Blut von Gerhard Schröder, die Steigerung der Lebensdauer von Bier-Schaumkronen auf 150 Stunden, Kunstwerke aus BHs, der Export von 6683 Panther-Chamäleons Madagaskar, die Dauer der Lähmung der CDU. Nie da gewesene Gegenwart.

Im Stadtbild, in der Sprache, in den Namen der Läden, den Kleidern der Menschen ist alles gleichzeitig anwesend, die Stile und die Zeiten verschränken sich. Die Harmonika und die lustige Fidel sind spezialisiert auf ein Heimweh ohne Heim. Ihr Spiel beschreibt eine Sehnsucht ohne Gegenstand. Jetzt spielen sie Mozarts »Sonate alla turca«, und der Pabba versucht ein rhythmisches Klatschen. Niemand wird heiterer, niemand zahlt, selbst die Musiker unterhalten sich miteinander, während sie spielen. Der Pabba läßt das Klatschen sein und noch einen Rosé kommen.

Wer ganze Menschen treffen will, soll auf den Kirchhof

gehen. Da liegen sie: »Hier ruht weyland der edle und veste Herr Johann Georg Lang«, »Der verklärten Mutter Johana Elisabetha Weisert, geb. Bassermann, widmet dieses Denkmal kindliche Liebe«, »Hier ruht in Gott Jos. Traugott Scheuffelhut Bürger und Kaufmann dahier.«

Wer wart ihr? Wie saht ihr aus? Habt ihr von Balkonen gegen Ärzte und Anwälte gewettert? Habt ihr einen Freitisch spendiert, eine Bank in der Kirche gehabt? Eure Namenszüge und Porträt-Miniaturen wurden von der Zeit abgeschliffen und ins Vergessen gerissen. Die Totenschädel, die Putten, Ritterrüstungen und trauernden Engel haben zu euern Ehren länger existiert als ihr selbst. Bald wird die Zeit die letzten Hieroglyphen aufgelöst, die letzte Rune abgetragen haben. Dann bleibt nur noch eine bedeutende Tafel ohne Bedeuten, und es wird Zeit auch für den Pabba, sich eine Grabinschrift zu wählen.

Ein Stück Neckar aufwärts, »und ich wand're durch die Mauern bis hinaus ins freie Feld.« Kein Glänzen, kein Schauern. Nicht weit, nicht still die Welt. Die Jogger joggen, die Biker biken, die Kirchturmglöckchen bimmeln wie verrückt und den Jungen erscheint der Gottesdienst auf den Displays. Nur die Witwen schleppen sich noch eigenmächtig in die Kirche, die alten schwarzen mit den alten schwarzen Nylonkniestrümpfen, in denen sie seit Jahren in die Kirche humpeln, begleitet von Schwiegertöchtern, dem Sohn, der eine der Honoratioren wurde, den Enkeln, die unter dem Bannfluch ihrer Kommunion stöhnen.

Vor der Kirche Sankt Laurentius in Schlierbach, hoch über dem Neckar, sehe ich dem Zug der Kirchgänger zu, Sommerfrischler in bunten Leibchen, Boxershorts und Poloshirts, ein gut gelauntes Studienratspublikum, das auf gewundenen Pfaden den Berg heraufkommt. Sonntag ist Kirchtag, und die Ideale sind überschaubar: Du sollst Deinen Nächsten lieben wie dich selbst.

Ich bleibe auf den Kirchenstufen sitzen und höre der Orgel zu, die tapfer vor dem Gemeindegesang dahintrabt. Erst jetzt eilt der junge Pastor aus dem Pfarrhaus herbei, gefolgt von seinen tollkühnen Messdienerinnen. Tatsächlich, es sind drei Mädchen. Ja, heute ist sein Tag und die Kirche gut besucht. Am Fluß sitzen nur drei Angler und das Qualifying der Formel Eins beginnt erst um zwei.

Die Mädchen tragen die Kerze voran, das geschnittene Brot und die runde Eiswaffel, die später Oblate sein wird. In der Fassade der Kirche sieht man den Heiligen Laurentius in seinem grünen Mantel mit der Goldborte unter gezacktem Baldachin. So wehmütig blickt er hinüber auf die andere Seite des Neckar. All die romantischen Krieger und Märtyrer, die zum Himmel gefahren sind und immer noch deuten und weisen und warnen und gestikulieren, um zu schützen, zu helfen, zu animieren, all die Pantomimen von den Fassaden, wohin? Sind sie nicht wie der sonntägliche Presseclub? All dies »Sollen« und »Müssen« und »Dürfen nicht«. Auf jeder Konsole eine Süßmuth, eine Schipanski, eine Mahnerin, der man Brüste oder Augen rausriß, damit wir heute mit mehr Nachdruck sagen: Du sollst nicht ehebrechen. Mit geneigtem Kopf ist das zu sprechen wie der Ede Zimmermann der reifsten Periode, und vor der Kanzel blühen Hortensien in Muttergottesmantelblau.

Solltest du allerdings doch ehebrechen oder gar deinen Nächsten weniger lieben als dich selbst, läßt sich das eventuell noch verschmerzen. Unbefugt abgestellte Fahrzeuge dagegen werden unverzüglich kostenpflichtig abgeschleppt.

Wenn Baden-Baden sein Spielkasino nicht hätte, seine dekadente Vergangenheit, als die schwindsüchtigen Russen noch blutig ins Taschentuch husteten! Wenn über der alten Sanitärarchitektur nicht die Patina der Tragödien und Ausschweifungen läge! Wenn die grünen Hügel ringsum ihre Wälder nicht für Lichtungen öffneten, auf denen ehemals Duellanten ihr stolzes Leben verröchelten, dann, ja dann wäre dies, bei all seiner Schönheit und Noblesse, oft wenig mehr als ein übellauniger, vom Leben enttäuschter Kurort, in dem Witwen mit Blauspülung im Haar ihr Vermögen zusammenhalten und misanthropische Gatten den Kulturverfall beklagen, dem Körperverfall aber durch Besuche in Schwefelbädern begegnen.

Vor Jahren ist einmal eine junge Frau in meiner Gegenwart in Tränen ausgebrochen, so sehr litt sie unter dem Hinwelken ihres Lebens in Baden-Baden, doch wahrscheinlich war sie einfach nicht tief genug eingedrungen. Wo eine strahlend intakte Oberfläche ist, ist meist auch eine starke Gegenwelt. Ich habe sie nicht gefunden. Aber ein Taxifahrer klagte bitterlich über die Alten, ihre Ansprüche, ihren Hochmut, ihren Geiz vor allem. »Dabei legen wir uns krumm für unsere Alten«, sagt er, das Possessivum inständig einsetzend wie ein Erbschleicher.

Doch sein Beispiel ist überzeugend: Es gibt einen Alten hier, der natürlich unglücklich verheiratet ist, aber auch einen widerwärtigen Charakter hat. Immer unzufrieden, immer voller Vorwürfe. Jeden Abend etwa um zehn führt er seinen Hund spazieren. Das jedenfalls sagt er seiner Frau. In Wirklichkeit gibt er seinen Hund am Taxistand ab und läßt sich ins Bordell chauffieren.

Die Taxifahrer reichen den Hund, der seit Jahren keinen Auslauf bekommen hat, so lange nach hinten durch, bis der Alte, meist schlecht gelaunt, das phlegmatische

Tier wieder in Empfang nimmt. Kürzlich stand ein neuer Fahrer in der Schlange, der kannte sich noch nicht aus, hat also den Hund einfach eingepackt und ist mit ihm durch die Nacht gefahren. Der Alte kam zum Stand und der Hund war weg.

»Servus Kaiser! Das gibt Theater.«

»Genau. Die Zentrale und alle Fahrer in der Stadt haben sich zusammengetan, um das blöde asthmatische Vieh wieder zu seinem Herrchen zu bringen. Stellen Sie sich mal vor: Eine ganze Stadt macht mobil, nur damit seine Alte nichts von seinen Bordell-Besuchen merkt, und was hat's gegeben: Schimpfe und zehn Pfennig Trinkgeld. Brauchen Sie noch mehr Geschichten?«

Sie kommen aus dem brodelnden Lärm Afrikas. Jetzt ist es um sie ganz still geworden. Sie, die zu Hause so laut und kehlig streiten, lachen, die Nachbarn, Mitmenschen, Bürger einbeziehen. Irgendwann streifen sie dieses Gewebe aus Lärm und Dunst, aus Shouting und Jauchzen ab und lernen die Arbeitswelt kennen, den wahren Ernst des Lebens. Das sind wir hier, in der »Servicewüste Deutschland«. Ihr Traum ist es, hier Zimmermädchen zu sein, mit einem schweren Versorgungskarren über die Flure zu kommen, Dienste zu leisten. Wer denkt daran, wie sehr wir sie verändern? Wie sehr wir sie umstülpen, um den Weißen aus ihnen befreien?

Sie kommen aus Afrika, aus einem dieser Länder, wo man die Verbreitung des Wohlstands an der Entwicklung der Hygiene ablesen kann. Auf den ärmsten Märkten liegt das Gemüse direkt am Boden; auf den besseren liegt es geschichtet über Bananenblättern; auf den besten dagegen wird das Gemüse sogar auf eigenen Ständen ausgebreitet und vom Abfall separiert.

Viele von ihnen haben auf solchen Märkten gearbeitet. Sie bringen, wenn sie nach Deutschland kommen, ihre landeseigene Gastfreundschaft mit und ihr Wissen um Hygiene. Deshalb stellt man sie, wenn sie adrett aussehen, Disziplin beweisen und beim Bewerbungsgespräch einen zivilisierten Eindruck hinterlassen, vielleicht auf der untersten Stufe des Hotelpersonals, später sogar wirklich als Zimmermädchen ein.

Im Vorraum der Personalchefs oder Kolonnenführer warten auch die schwedischen oder englischen Frauen auf die Möglichkeit, gut aufzufallen, und immer, wenn eine Schwarze das Büro betritt – so berichtet eine Eriträerin –, bleibt die Tür angelehnt und die Gespräche sind schneller vorbei. Die afrikanischen Bewerberinnen wissen, was das bedeutet. Trotzdem schaffen es einige, sich ihren persönlichen Traum zu erfüllen: einen Flurabschnitt in der Raucher-Etage, einen Wagen mit Frotteetüchern, Duschgel, Badekappen, Nageletuis und Utensilien, deren Gebrauch sie nicht kennen, deren Aufschriften sie nicht lesen können und deren Wohlstandssymbolik ihnen fremd ist.

Aber sie begreifen die Topographie des Hotelzimmers, erfahren, wie man die Gegenstände im Raum platziert, den Beschwerden des Kunden, des Vorgesetzten, des verdeckten Hotel-Testers zuvorkommen muß. Sie lernen die Sprache nicht, denn wer würde sie ihnen beibringen? Aber sie lernen, daß man die Spitze eines Klopapierblatts unter der metallenen Halterung zu einem gleichschenkligen Dreieck zu falten hat, damit der Gast mit nur zwei Fingern das Papier herausziehen oder damit er sich am Ornamentalen erfreuen kann oder einfach damit er sieht, wie an der Spitze dieses Klopapierblattes jemand gearbeitet und, dem Gast zu Ehren, sinnlos gedient hat. Und die Frauen, die dies leisten, haben als erstes gelernt, dass hier Komfort die Gastlichkeit und Sterilität die Hygiene verdrängt, jetzt erfahren sie noch, dass »Service« von »Servus« kommt, dem Sklaven.

Im Frühstücksraum des Hotels eine stämmige Mittfünfzigerin mit drahtiger Kurzhaarfrisur, schweißnassem Schläfenhaar:

»Ihre Zimmernummer?«, belfert sie den Gast an, zu laut, zu derb, aber nicht aus Unhöflichkeit, sondern aus Aufregung über ihre Arbeit. Bestimmt hat sie auch eine schöne Seele. Als alle sitzen, sehe ich sie unter dem Deckenlautsprecher stehen und dem zweiten Satz eines Klavierkonzertes von Mozart zuhören:

»Himmlisch, einfach himmlisch«, schwärmt sie zu einer Kollegin hinüber und räkelt sich wie unter der warmen Dusche.

»Ihre Zimmernummer?«, bellt sie wieder, einen jungen Herren anspringend, aus einem Zustand in den nächsten hetzend. Kein Mozart mehr.

Als ich später auf den Flohmarkt gehe, sehe ich sie wieder. Auffällig aber ist eine andere Frau, die ziellos zwischen den Ständen herumirrt, selbst Händlerin, Kundin? Plötzlich bleibt sie auf einem freien Fleck stehen und singt ganz laut mit einer Stimme, die vor allem von ihrem Selbstbewusstsein getragen wird:

»… und Gott gab uns den Kleiderbügel.«

Verhaltenes Umdrehen. Schon bevor sie sehen, wer da singt, möchten die Passanten nicht hingesehen haben, wer da singt.

»… er schuf auch den Müllsack, ja Gott, wir verdanken das Grillhähnchen dir und auch die Regenhaut.«

Ihre Inbrunst könnte auch in der Liturgie nicht echter

sein. Sie bedankt sich offenbar für alles, was ihr gerade in den Blick kommt.

»Die ist bekloppt«, sagen die Leute.

Was, wenn sie es nicht ist, sondern sich nur an einer anderen Stelle der Wahrnehmung befindet? Warum soll Gott in die Oblate fahren und nicht in die Regenhaut?

Es kommt doch nicht mehr darauf an, welche Standpunkte vertreten werden, sondern, von wem sie gerade Besitz ergreifen. Die Leute tun so, als gäbe es ein Oben und Unten der Ideen, als gäbe es unterschiedliche Reifezustände eines Gedankens. Nein, Gedanken sind im Raum, man bewegt sich zwischen ihnen, adoptiert sie, läßt sie fahren. Heute sitzt die Herrlichkeit Gottes im Altarbild, morgen in der Regenhaut.

Die Frau aber mit ihrem Gotteslob, sie war am weitesten rausgetrieben worden. Im Ozean des Wissens bewegte sie sich mit der Innigkeit einer Mystikerin, jubilierend, proklamierend, doch ganz allein so weit draußen, und am Ufer standen alle die Kirchgänger und machten mit der Rechten Scheibenwischerbewegungen vor der Stirn. Trotzdem war sie auf diesem Flohmarkt vermutlich der interessanteste Mensch.

Nur die stämmige Blonde aus dem Frühstücksraum stand ganz still in der Nähe, wandte sich zu ihrer Freundin und sagte lakonisch: »Am Leiden darf man verderben.«

Der Würstchenverkäufer vor dem Darmstädter Hauptbahnhof ist in diesem Jahr sechzig geworden. Das sieht man ihm nicht an, aber viel hat er gesehen in seinem Leben. Im Augenblick lehnt er gerade mit vor der Brust verschränkten Armen an seinem Wagen und beobachtet die andere Straßenseite: Eine Dame im Pelzmantel peitscht mittels der Hundeleine aus ihrem winzigen Dackel den minutenlang unter dem gehobenen Schwanz stopfenden Köttel. Heulend vor Schmerz und Triumph preßt der Hund gegen seine Ringmuskulatur und wurstet etwas Winziges ins Freie.

Der Würstchenverkäufer nimmt die Konversation mit einem Kopfschütteln auf: »Haben Sie die gesehen?« Es folgt die Höchststrafe der Verachtung: »Da kann ich nur den Kopf schütteln.« Er tut es abermals. Ich schließe mich an, bin nur halbherzig bei der Sache, aber das stört ihn nicht. Nach wenigen Metern, dann wieder und wieder stehen wir im Stau. Zeit für einen Monolog, der auf meine Mitwirkung verzichten kann:

»Sehen Sie sich das an, Stoßstange an Stoßstange, und was haben sie davon? Geht das jetzt schneller? Ja danke. Aber nein, jeden einzelnen Tag sehe ich die da hinausfahren, immer in denselben Stau, wälzen sich in ihren dreckigen Kisten in die Stadt, weil sie zu stinkend faul sind, zu Fuß zu gehen, blockieren lieber die Straße mit ihren verfluchten Blechkisten, also, das ist jetzt vielleicht zu stark gesagt, aber Sie sehen ja, was ich meine, diese, entschuldigen Sie, aber diese verfluchten Drecksäue mit ihrer Faulheit, für jede Kleinigkeit wälzen sie ihren welken Hintern immer nur in ihre Polster. Immer fahren, aus ihren blöden Wohnzimmern raus würden sie wahrscheinlich am liebsten gleich zu McDonald's bis an die Theke kutschieren und ihren verfluchten Fettfraß reinspachteln, am liebsten gar nicht mehr laufen, das wäre das Beste. Entschuldigen Sie, ich darf mich nicht aufregen, aber wenn ich die sehe, kriege ich ein Magengeschwür. Aber das ist eben der Egoismus, den braucht die Rasse, um sich durchzusetzen, dieser verfluchte Egoismus, so muß der Mensch sein, er kann nicht anders, eine einzige Scheiße ist das, aber sonst hätten sich vielleicht die Schildkröten durchgesetzt. Ich kann nur sagen, ich hätte nichts dagegen, diese Schweine, entschuldigen Sie, aber ...«

Geht man durch die Hochhaussiedlungen am Rande der deutschen Großstädte, so findet man sie überall, die Balkonbewohner, Menschen, die fünfzehn Stockwerke hoch wie am Mastkorb hängend das Land überblicken, Pünktchen nur unter dem Himmel, wo sie sich aufrichten wie der Orang-Utan im toten Baum oder sich setzen und ausschauen, als navigierten sie ihren Wohnblock von hier.

So ein Balkon kommt auf die Welt mit zwei möglichen Existenzberechtigungen: Entweder ist man Papst oder Deutscher Fußballmeister und winkt von hier aus in die Masse oder man bewohnt seinen Balkon als Kleinbürgers Freigehege, bepflanzt ihn mit Blumen, die zum Floraldesign des Liegestuhls passen, betritt ihn aber meist nur zum Rauchen.

»Wo warste denn in Urlaub?«, fragen die Mallorca-Heimkehrer den Nachbarn. »In Balkonien«, antwortet der Schalk mit der »Schreibtischlampenbräune«. Ja, so scherzen die Zukurzgekommenen. Kein Wunder, bei sechs Quadratmetern Auslauf pro Sommer.

Im Theater nennt man den Balkon den »Olymp«, und auch für den gemeinen Bürger daheim ist der Balkon eine Art Loge mit Blick auf das Leben. Casanova liebte mal eine Griechin durch ein Loch, das er von unten in ihren Balkon bohrte. Seither hängen Brust und Brüstung zusammen und »Balkon« sagen Männer auch für ... für ... vergessen! Doch was wären die Romanzen von Sigismondo Malatesta und Francesca di Rimini, von Romeo und Julia, von Roxane und Cyrano de Bergerac ohne Balkon? Was wären Mozarts Opern ohne »Balkonarien«?

Und da wir für alles eine Kultur haben, also auch für

den Balkon, deshalb gibt es auch Menschen, die ihn zum wahren Lebensraum erwählen und auf ihrem Balkon stehen wie die Könige dieser Kultur. Sie bewohnen zwar ihr Appartement, aber sie residieren auf dem Balkon – und so grüßen sie auch, gelassene Repräsentanten uralter Kultur. Erst auf dem Balkon nämlich bemerkt der Mensch oft seine Höhe und wird dabei selbst ein bißchen hoheitsvoller.

Einmal habe ich mit einem schweigsamen Fünfundsechzigjährigen an der Theke einer Kneipe ein Gespräch begonnen. Es setzte sich mit Tagespolitik lustlos in Bewegung und kam beim Thema menschliche Einsamkeit richtig in Fahrt. Vor neun Jahren ist seine Ehefrau – nach sechzehn Jahren Ehe – eines Tages nach Hause gekommen und hat ihm mitgeteilt, daß es reicht.

Bis dahin hatten sie sich eigentlich ganz gut verstanden, aber als die beiden Töchter aus dem Haus waren, riß der Kontakt zwischen den Eheleuten irgendwie ab, die nach wie vor dieselbe Wohnung bewohnten. Eines Tages kommt die Frau also nach Hause, nimmt sich zwei Koffer, packt, sagt ihm förmlich auf Wiedersehen und verschwindet. Er hat sie nie wiedergesehen.

Heute soll sie in Schottland leben, aber auch die Töchter wissen nichts Genaueres. Sie wird schon wiederkommen. Nein, das wünscht er sich nicht, das erwartet er nur. Und dann hebt er beide Arme von der Theke und zieht seine Hemdärmel hoch. Da findet sich, knapp unter jedem Ellenbogen, je ein braunes Mal, eine verhärtete Stelle. Wie die Hornhaut an diese Stelle kommt? Er winkelt seine verschränkten Arme ab und stützt sie auf.

»Weil ich seit neun Jahren so auf dem Fensterbrett liege und warte, daß sie kommt.«

Es gibt Frauen, die ihr Ausgehkleid auf das Fell ihres Pudels abstimmen, und Männer, die am liebsten Frauen umwerben, die den Markt der Allianzen und Mesalliancen gerade verlassen. So einer, ein Orientale mit Umgangsformen, geht mit so einer, einer Kunstblonden mit deprimierten Mundwinkeln, durch die Hotellobby. Er berührt ihren linken Ellenbogen mit zwei Fingern seiner rechten Hand und sagt mit rollendem »R« laut, wenn auch vertraulich in ihr Ohr: »My interests are very easy to understand.«

Das Hotel in Konstanz ist ein düsterer Kasten, sein Rezeptionist riecht aus dem Mund nach gegrilltem Hähnchen, und vor der Tür sitzt in sehr kurzem Rock etwas Prostituiertes am Bistrotischchen und wirft den Passanten Blicke zu, die zweideutig sein sollen, aber grotesk sind. Ein paar hundert Meter weiter schwenkt eine edle Seele ihre Sammelbüchse und ruft verzagt:

»Für Lepra, für Lepra.« Aber entweder ist Konstanz nicht für Lepra oder die Menschen haben andere Probleme.

»Lohnt sich das?«, frage ich.

»Och, schon …« Er antwortet, als sei die Frage falsch gestellt. »Immer wenn ich gerade aufgeben will, schickt mir der liebe Gott einen Euro.«

Seine Stimme produziert auf dem Wort »liebe« fast einen Sinuston.

Offenbar will niemand reden. Im Auktionshaus steht man stumm über zwölf afrikanischen Geweihen, auf Holz montiert. Ein »Top-Los« war das. Weggegangen sind sie trotzdem nicht und liegen jetzt auf dem Boden als ein wertloser Haufen Horn und Holz. Daneben drei Seelandschaften. Wie sich die Dinge verändern, sobald sie unverkäuflich sind!

Die Straße, die hinauf zur Schweizer Grenze führt,

muss einmal die Straße der Hoffnung gewesen sein für alle, die ihr Leben aus Deutschland hinausretten wollten. Hier haben die Flüchtlinge ihre letzten Bilder des Landes gesammelt und die ersten der verheißenen Freiheit. Die letzten Bilder, das sind heute das Reisebüro mit den »Bali-Schnäppchen« im Fenster, der »Hundesalon Goggo«, die ersten Bilder jenseits, das sind ein Kiosk, ein roter Giebel, eine Bogenlampe sowie die Hotels »Schweizerland« und »Traube am Zoll«.

Der Grenzbereich selbst führt den Reisenden in die faszinierende Welt des Verbrechens ein. »Schmuggel, Geldwäsche, dunkle Geschäfte, Mafia« steht auf dem Zettel des »Zollfahndungsamts«, daneben die Angabe des »anonymen Telefons«, ein Plakat mit den »12 meistgesuchten Kunstwerken Deutschlands« (u.a. Heinrich von Zügels »Schafe am Zaun«) und die Phantomzeichnung zweier Männer, der eine dem jungen Peter Handke, der andere Dr. Martin Luther nachempfunden.

Geronnenes Misstrauen ringsum, besonders denen gegenüber, die sich alle diese Warnungen und Fahndungen zu genau ansehen. Nach kurzer Zeit werde ich aus drei Blickwinkeln beobachtet. Wozu das alles, ist das nicht die Grenze Deutschland–Schweiz? Also am besten offensiv vor die Beamtin im Streulicht ihrer Sanitär-Architektur getreten und forsch gefragt:

»Was machen Sie eigentlich noch hier?«

»Dasselbe wie immer.«

»Dasselbe?«

»Europa ist Europa, Schweiz ist Schweiz.«

»Also: Passkontrolle, Fracht-Kontrolle, Personen-Überprüfung …«

»Dasselbe.«

Die Beamtin knipst ihr Augenlicht aus. Meine Audienz

ist beendet. Etwas Unmenschliches liegt über dem Ort, aber vielleicht muß das so sein. Durch eine Todeszone soll man gehen, ehe man sein Land verlassen und ein neues Ufer erreichen kann.

Und schließlich redet doch jemand oder besser: schreit. Drei Penner haben sich auf der Rückseite des Stadttheaters in einem Bundeswehrzelt niedergelassen:

»Komm her, altes Arschloch, kriegst'n Bier!«

Sie hausen, wo sich in den Pausen die Schauspieler umziehen, zwischen den Plakaten, Rosen, den kleinen Devotionalien jener glamouröser Karrieren, an denen sich nichts ändert, auch wenn man sich zwischen den Akten in einem Bundeswehrzelt umziehen muß.

»Wir ham Genehmigung«, wiederholt der Wortführer etwa zehnmal.

Sie sorgen für Ordnung, gestohlen wurde nichts, seit sie da sind. Auch der Bürgermeister war schon da: Mann, habt ihr euch gut eingerichtet, hat er gemeint.

»Das ist keine Einrichtung, das ist 'ne Notunterkunft«, hat der »Chef« ihm geantwortet. »Könnt froh sein, das wir hier sind, sonst wären wir im Knast. Das kostet.«

Nur einmal stürzte eine Schauspielerin während der Vorstellung mit einem Messer quer durch den Hals ins Freie. Alles schrie, das Ketchup floss in den Ausschnitt, und die Passanten waren drauf und dran, die Polizei zu holen. Während er das erzählt, zieht er seinem Kumpel die blaue Badehose runter, sieht theatralisch in seinen Schritt:

»Muss nur sehen, ob du kein Messer drin hast. Der Bürgermeister hat gesagt, er ist sogar froh, dass wir auf die Scheiße hier aufpassen. Sonst kämen wir vielleicht in eine Einrichtung, das wäre für uns Entmündigung. Dafür haben wir Paragraph eins vom Grundgesetz. Willst 'ne Wurst essen?«

Auf seinem Handteller erscheinen ein paar einge-schweißte Leichenteile. Ich gehe ohne Wurst, halte aber zum Abschied die kleinen wattierten Hände des Chefs ganz fest.

»Wie heißt ihr denn eigentlich?«

»Arschlöcher!«, sagt er und zeigt in die Runde: »Arsch-loch eins, Arschloch zwei, und das ist Arschloch drei.«

»Und wenn ich euch beim nächsten Mal so anrede?«

»Dann gibt's Walter PK: Dum Dum.«

Im Zug aus Konstanz, Fensterplatz: Eine bewegte Mitt-fünfzigerin mit lila Strickweste, sandfarbener Cordhose, kariertem Hemd, Halskette aus Bernsteinsplittern, Ohr-ringen in anthroposophischem Design, eine Hand im Ver-band. Hellwach, interessiert, mustert das Abteil wie ihren Bau.

Gangplatz: ein sensibler Herr, traurige Augen, farblo-ser, aber stilvoller Anzug. Leise ganz und gar.

Sie spricht vom Reisen mit Enthusiasmus, von der Schönheit der Fremde, der Menschen anderswo, hat man-ches gesehen im Leben. Auch er kennt die Welt und die Menschen. Hier hat er einen Orden hinter dem Revers, den Orden für die deutsch-russische Versöhnung. Er zeigt ihn, zeigt auch seine russische Uhr Marke Raketa. Die zeigt noch an, wie viel die Stunde schlägt in Wladiwostok.

Er: »Und der Russe ist ja ein guter Mensch. Ein guter Mensch! Ich hab Russisch gelernt wie hier die Gastarbei-ter.«

Sie: »Doch, es gibt noch edle Leute, schon noch. Und Sankt Petersburg, eine wunderschöne Stadt.«

Er: »Für uns war's noch Leningrad. Mein Bruder ist zu-letzt noch zum Volkssturm eingezogen worden: fünf Mann ein Gewehr. Die 14jährigen und die Greise. Für uns war die Ankunft in Bulgarien am schönsten, da ging noch der Spielmannszug vorneweg.«

Er hört ihn offenbar wieder, lächelt minimal. Sie hat, was er im Krieg sah, als Touristin bereist.

Er: »Wir mußten zu Fuß nach Auschwitz. Wir wussten ja gar nicht, dass es Auschwitz gab. Das war ja im Januar 1945 geräumt worden. Jetzt kamen wir da im Mai ins Sammellager. Wir haben ja alles gesehen, alles wurde uns gezeigt. Ein Block war noch belegt mit kranken Juden, die waren noch da, mit denen haben wir einigermaßen Kontakt gepflegt. Die Russen haben uns alles gezeigt: Schaut, was ihr gemacht habt, was ihr alles angerichtet habt! Dann wurden wir alle auseinander gerissen und verladen, dann ging es nach Norden. Heim, haben die Russen gesagt, aber für uns hieß das immer weiter nach Norden. In Murmansk war dann Halt. Da mußten wir aussteigen, durch die Stadt marschieren, sind angespuckt worden, geschlagen worden, von der Zivilbevölkerung.«

Sie: »Ja, sicher! Was wir denen angetan haben, das vergessen wir immer.«

Er: »Wir waren ja froh, als wir wieder im Lager waren. Die haben uns angespuckt, die Russen. Wir waren dreitausend Mann, höchstens zwei Drittel haben es geschafft …«

Er: »Die Jugend war verpfuscht, alles weg und bloß wegen dem Adolf.«

Sie: »Wegen der Ehre. Immer geht's um die Ehre, also die Männer müssen sich das mal abgewöhnen mit der Ehre.«

Er: »Erst 1948 bin ich zurückgekommen. Ich war ja in Murmansk, im Eismeer von Murmansk.«

Sie: »Da gab's doch mal den Film: So weit die Füße tragen!«

Er: »Hab ich gesehen, schon vor sieben Jahren.«

Sie: »War das da oben? Waren Sie im Bergbau?«

Er: »Nein, über Tag, ich habe über Tag die Kohle abgebaut. Da ist ja drei Monate Tag und neun Monate Nacht.«

Sie: »Lieber Gott, und dann nichts zu essen!«

Er: »Wir haben ja im Hafen gearbeitet, da haben wir uns heimlich den Fisch aufgetaut. Und dann der Lebertran! Den mußten wir ja vom Schiff in zweihundert Fässer umpumpen, da haben wir selbst ein Fläschchen drunter gehalten. Und die Werft von Murmansk hatte ja ein Fernheizwerk, und da haben wir rausbekommen, wo der Abdampf ist, den Fisch reingehalten und der war ja im Nu durch. Offiziell gab's ja nur Wasser mit zwei, drei Graupen drin und dieses schwarze Brot, das war ganz weich und naß und Gras. Man mußte ja salzlos essen. Viele Kameraden, die wollten entlassen werden, haben das Salz in Klumpen gegessen. Alle weg! Ich sage ja, man braucht eiserne Nerven.«

Sie: »Die hatten ja alle Ödeme, waren ja alle aufgeschwollen.«

Er: »Später ist Murmansk dann aufgelöst worden, da sind die ganzen Kriegsgefangenen in die Ukraine verfrachtet worden, in das Kohlebergwerk, da haben wir dann noch eine Woche gearbeitet für Stalin, dann sind wir entlassen worden und dann von einem Lager ins nächste und dann Frankfurt/Oder über die Brücke ...«

Sie: »Wie heißt die noch mal, diese schöne Brücke in Florenz ... Ponte Vecchio, jetzt erinnere ich mich. Da habe ich mir mal ein Brillenetui gekauft, weiß auch nicht, warum mir das jetzt einfällt.«

Er: »... da sind wir über die Grenze und ich hab gedacht: die Heimat ... Aber da war ja nichts, kein freundlicher Blick, gar nichts, erst das Entlassungslager Erfurt, das russische Entlassungslager, dann Ulm, amerikanisches

Entlassungslager, dann Tutzing, französisches Entlassungslassungslager …«

Ich: »Wie sind Sie zu Hause empfangen worden?«

Lange Pause.

Er: »Da war in meiner Straße ein Jüngerer, der hat gesehen, wie ich ankam, wie ich vor dem Haus stand«, seine Augen stehen jetzt voller Tränen, »das erzählt er mir heute noch, wie er mich beobachtet hat, wie ich heimkam, mit meiner Steppjacke, gell.«

Ich: »Und der Empfang?«

Er: »Wie ich da gestanden habe, vor dem Haus, das beschreibt der mir heute noch …«

Ein Ereignis und der Mensch zerbricht in tausend Scherben, jede spiegelt seinen Abgrund. Er verläßt das Abteil.

Sie blickt ihm bewundernd nach. »Die haben den Krieg bezahlt, die und die Amputierten. «

Sie blättert in einer Regionalzeitung. Wir hängen unseren Gedanken nach, dann, lange Minuten später: »Sie, neulich hat mich zufällig eine im Zug berührt, huch, hat sie gesagt, Sie sind ja Heilerin. Tja, ich hab's bis dahin auch nicht gewußt, hatte mich ja nie damit beschäftigt, aber die hat das schon von der kleinen Berührung gemerkt. Wollen Sie mal?«

Sie streckt mir ihre Hände hin. Mir fällt nichts ein.

»Haben Sie nichts, kein Wehwehchen?«

Ich verneine.

»Nicht mal am Nacken?«

Ich schüttele zwar den Kopf. Aber schon liegt ihre Hand in meinem Nacken und sofort wird es warm, wärmer, richtig heiß, jedenfalls heißer als unter anderen Händen.

»Gut, was?«

»Erstaunlich«, sage ich, ehrlich erstaunt.

»Eigentlich müßte man jetzt auch noch von vorn.«

Sie legt mir ihre verbundene Hand auf die Brust.

»Spüren Sie?«

»Vage.«

»Das liegt an dem Verband.«

Nach einer Minute ist es die wärmste Hand im Mull-Verband, die je auf meiner Brust lag. Pause. Dann abschließend:

»Ihrer Generation kann man das alles gar nicht vermitteln. Das haben Sie ja denen zu verdanken, alles, was heute ist, also die Demokratie, obwohl, ist ja auch nicht gerade viel mit der Demokratie, ist ja auch alles geschwindelt … Na, dann wollen wir mal.«

Der Zug passiert Villingen. Ich schaue aus dem Fenster und löffele einen Yoghurt. Ist das Vanille? Nein, es sind naturidentische Aromen. Ist das draußen ein Wald oder eine naturidentische Baum-Ansammlung? Nein, es ist der Schwarzwald, wo die Kirschtorte herkommt und die Mädchen mit den drei roten Kugeln auf dem Kopf, und wirklich wuchert hier noch manchmal echtes Unterholz, durch das sich der Waldarbeiter mit der Machete schlägt, als wäre es Macchie.

Dann öffnet sich manchmal das Gehölz, ein Weiler liegt da, mit Häusern, die so verlegen voneinander wegsehen wie die Trauernden in einem Sterbezimmer. Sie tun nur, als sähen sie weg, weil ihnen eigentlich nichts entgeht.

Der Städter verliert die narrative Logik seines Lebens, der auf dem Dorf Gebliebene bleibt in der Erzählung. Er sieht Alte verunglücken, Familien trauern. Die Halbstarken werden zu Vätern und die kleinen Kinder gehen heute Hand in Hand mit Freunden zwischen den erneuerten

Fassaden entlang. Der eine hat eine Green Card bekommen, der andere Multiple Sklerose. Im Dorf sind alle Nahestehende.

Auch der Supermarkt ist klein und heißt noch »Lebensmittelgeschäft«. Der Besitzer sagt, was ihn immer wieder verblüffe, sei die Ähnlichkeit des dörflichen Pfarrers mit Papst Giovanni XXIII. Dabei verweist er auf eine farbige Postkarte, die zwischen farbigen Gläsern lehnt und den Besagten im fotogenen Gebet zeigt, auf einem roten Samtkissen kniend. Als ich dem Pfarrer kurz zuvor in der Kirche begegnet war, hatte er, zu seinen eigenen Gunsten, gar keine Ähnlichkeit mit dem Papst. Deshalb sage ich verspätet und nicht ganz glaubwürdig:

»Ja, die Backenknochen, die sind bei beiden Gesichtern so … so …«

Da belehrt mich der Lebensmittelhändler, es handele sich eher um eine innere Ähnlichkeit, die sei auf Postkarten schwer erkennbar. Er aber müsse es wissen, immerhin komme der Pfarrer einmal am Tag vorbei, für seine siebzig Gramm Fleischwurst, und immerhin schicke ihm der Pfarrer von seinen Reisen auch immer eine Postkarte, wie z.B. die von Giovanni XXIII.

Die Frau des Ladenbesitzers hat in der Zeit eine Kundin abkassiert, die, in der Kittelschürze, schwankend, nur ihr offenes Portemonnaie hingehalten hatte: »Bedienen Se sich!«

Kaum ist sie draußen, macht die Frau des Händlers eine eindeutige Bewegung mit dem Daumen in den Mund:

»Schon wieder gut dabei, unsre Frau Patzig«, sagt sie mit gespielter Sorge zu ihrem Mann. Dann zu mir:

»Das ist so eine, die hat sich schon morgens um neun einen gezwitschert …«

Es folgt eine Geschichte aus dem letzten strengen Winter, als Frau Patzig einmal nachts auf ihren Donnerbalken vor dem Haus mußte. Da hatte sie schon so »voll getankt«, daß sie in die Sickergrube fiel, worauf ihr »die Scheiße« durch die offenen Krampfadern bis zum Herzen hochgestiegen sei. Seit dem Tag ist sie im Kopf – fächelnde Bewegung vor der Stirn – nicht mehr ganz da, und ihre anderen Beschwerden gehen auch nicht mehr weg.

»Es gibt Leute«, schließt die Lebensmittelhändlerin überraschend ihre Erzählung, »die möchtste erschlagen vor Mitleid.«

Als ich zwischen den Häusern durchgehe, klemmt Frau Patzig gerade tropfende Unterwäsche an eine durchhängende Leine, an der sie sich zwischendurch schwankend festhält. Auf dem T-Shirt, das sie trägt, steht tatsächlich: »Theatre is life, film is art, TV is furniture.«

Was sie mir dann erzählt, setzt ein jahrelanges Studium ihres Lebens voraus, inklusive Register der handelnden Personen. Wenn ich richtig verstehe, kann man rund um diese Frau ein ganzes Sittengemälde komponieren. Eine unbequeme Stadtflüchtige ist sie mit lockerer Moral.

Ich gehe, als die elende Leibwäsche komplett an der Leine klemmt.

»Hee«, ruft sie mir nach. »Welches ist das einzige Tier, das das Arschloch auf der Seite hat?«

»Das weiß ich nicht.«

»Der Polizeihund!«, gröhlt sie, jetzt völlig entfesselt.

Abend auf der Schwäbischen Alb. Die schütteren Begrenzungslinien der Büsche zwischen den Feldern. Die frischen Äcker auf der Bauchdecke des Landes, das Silber der Birken, die Spalier stehen für die Heimkehrer, Häuser, die immer das Gleiche suchen, Herrenberg, Fachwerk rund um die trutzige Kirche schließt einen Bergrücken ab, auf dem sich die Häuser verlaufen. Unter dem Hügelrücken donnern die Schnellstraßen. Trotzdem gibt's auch die, die aus den Firmen kommen und lange durch die Felder fahren, um hierher zu kommen, nach Hause.

Geographie ist Schicksal.

Böblingen stellt Gartenskulpturen her, darunter Michelangelos David in den Größen XL und XXL, und den Farbtönen »weiß«, »mattweiß«, »natur« und »sahara«. »Faszination Sehen«, sagt ein Plakat. Während man es liest, erlebt man das Gegenteil: Weder das Sehen noch das Gesehene ist jetzt faszinierend. Doch warum gelten bei all dem Unrat, den Werbung in die Landschaft gießt, Graffiti noch immer als Schmiererei?

In Nürtingens Bahnhof hängt eine junge Frau auf zwei Mal drei Meter und lacht ihr Zahnfleisch frei. Warum? »Abenteuer Menschlichkeit«, steht daneben. Aber erstens traut man ihr kein Abenteuer zu, zweitens fällt das Unmenschliche in der Regel noch ein bisschen abenteuerlicher aus. Was also? »Leben ist schön«, denn: »Ich habe gerade Blut gespendet.« Ein einziges Plakat und kein Wort ist mehr wahr, nicht »Abenteuer«, nicht »Leben«, nicht »Menschlichkeit«. Warum also gilt es gegen die Weltsprache Schnulze noch immer als Tugend, wenn man »Gefühle zeigt«?

Nichts ist Gefühl, alles Gefühle.

Aus dem Transistor plärrt eine fünfzigjährige Rocksängerin, dass man es ihr besorgen möge, die Nachrichten werden im Hörfunk auf einem Lächeln gelesen, das muß man erst mal können. Denn heute geht niemand mehr vor die Tür, ohne mit Gefühlen bestrahlt zu werden.

Wenn man bedenkt, dass Menschen früher in ihrem

Leben vielleicht nie dem leiblich Schönen gegenüber gestanden haben, und man die Bahnhofslandschaften von Böblingen und Nürtingen heute nicht mehr durchqueren kann, ohne kontaminiert zu werden von den Replikanten der Renaissance und den abenteuerlichen Blutspende-Hostessen, dann wünscht man geradezu, das Leben wäre weniger schön.

Da ist er wieder, der Einfaltsreisende bei der Vernichtung seines Jahresurlaubs. Er weiß, daß er ein Tourist ist, nur, weil er sich anzieht wie ein Tourist. Schon der Aufdruck auf seinem Polo-Hemd ist eine Erholung. Er hat ein Anrecht auf Dienstleistungen, sonst besitzt er nur Angst und Appetit. Es fällt ihm schwer ein Verhältnis zu haben, zu sich, zur Landschaft oder zur Kunst. Deshalb helfen ihm die Postkartenständer, vor denen er mehr Zeit zubringt als vor jeder Aussicht, jeder Kirchenfassade, jedem Bildnis. Je ehrlicher er ist, desto grotesker wird er. Das Höchstmaß an Wirklichkeit erreicht er in der Konfrontation mit dem Portemonnaie. Deshalb steht er gerne vor einem großen Gemälde, einem Fresko oder Triptychon und sagt: Was das gekostet haben muß!

Ich folge ihm zurück in die Gruppe. Die sitzt schon an zusammengerückten Bistrotischen unter drei Sonnenschirmen. Die Gesprächsthemen: das Zahnfleisch der Schwester von Elfi Niermeyer, die Fahrradtrikots der Söhne von Frau Kaskel, die Bekömmlichkeit des Laufens für den Menschen, abgeleitet von seinem Ursprung als Jäger, die Uniformhosen der deutschen Polizisten im Vergleich zu denen der französischen Soldaten, die Eßbarkeit von Goldfischen, das Alter, ab dem sich türkische und jugoslawische Behindertenkinder im Kindergarten zur Sommerzeit nicht mehr nackt mit dem Schlauch abspritzen lassen, die Anzahl der Zähne der Wurstverkäuferin von nebenan, die Häufigkeit von Buchsbaumhecken auf europäischen Autobahn-Grünstreifen.

Nachts reiße ich das Fenster sperrangelweit auf, setze mir einen Stuhl ans Fenster und sehe in die tote gegenüberliegende Fassade, höre, wie in ihren Betten halb schlafende Menschen husten oder hinter roten Toilettenvorhängen mit ihren Gerätschaften klappern. Das dauert.

Schleiche für Stunden hinaus in die Kühle. Die Frau an der Rezeption erhebt sich aus dem Tiefschlaf auf ihren Ellenbogen und sieht mich an. Dieser Blick. Verwildert.

Unter den Sträuchern betrachte ich den Igel, der sich erst starr gemacht hat, dann sich schwer atmend erholt und fauchend in die feuchten Blätter fährt. Eine Ratte duckt sich unter den Müll, ein Schatten verschwindet. Draußen setzt wieder Husten ein.

Eine Stunde später komme ich auf meinem Spaziergang an einem Krankenhaus vorbei und trete vorsichtig in den schwach erleuchteten Hof. Man hat mich schon gesehen, vom zweiten Stock aus, wo das einzige, schwache Licht brennt. Davor die reglose Silhouette eines Alten.

»Was machen Sie noch um die Zeit«, krächzt er, ob aus Schwäche oder Rücksichtnahme, weiß ich nicht. Jetzt sehe ich, dass er einen seidenen Bademantel trägt.

»Nur rumlaufen. Und Sie?«

»Nur kucken.«

»Kommt nichts im Fernsehen?«

Verächtliches Abwinken.

»Lesen Sie nicht?«

»Ach nein, das Haus ist doch so amusisch.«

Manchmal fahre ich jetzt Bus. Das kann ich empfehlen. Besonders im ländlichen Raum, wo man die Schul- und

Arbeitswege abfährt. Man hört gut, erlebt was und kann alle möglichen Studien anstellen: Ein Mädchen sagt zu ihrer Freundin über den Biologieunterricht: »Erst hatten wir die Wespe, dann die Zelle, jetzt die Umwelt – immer so große Themen.« Ihre dicke Freundin mit dem platten Wortschatz benutzt das Wort »Fettleibigkeit«, das hat sie aus ihren Heften. Aber später sagt sie von einer Figur im Film, er liebte sie »ungestüm« – sie muß einen lieben Freund haben, »ungestüm«, das Wort nimmt man nur aus der Erfahrung.

Ein Junge eine Bank davor erklärt seinem Freund mit sehr erwachsenem Habitus: »Mein Bruder ist Zweimeterzwei. Der wär Zweimetervierzehn geworden, wenn er nicht gespritzt worden wär.«

Eine Frau mit zusammengekniffenen Augenbrauen, wichtig: »Ja, ich habe früher sehr gut Federball gespielt«, ein Herr, wenig später: »Man kegelt ja oft viel zu leichtsinnig!«

Als der Bus abrupt anfährt, fällt eine Ausländerin vornüber, als sie sich hochrappelt, sucht sie ein deutsches Schimpfwort und ruft: »Mahlzeit, Kartoffel!«

Dauernd passieren solche Sachen. Sie sind wie Landstriche, wie Natur: der Vogel in der Luft, der Fisch im Wasser, der Mensch in der Sprache.

Buchloe, ein kleiner oberbayerischer Bahnhof, an dem sich Züge aus zwei Richtungen treffen und deshalb auch die Reisenden manchmal warten. Es gibt keinen Kiosk, nur eine Kneipe, die hinter der Schrankwand ein paar Marsriegel und die »Allgäuer Zeitung« führt. Doch diese kleine Bahnhofskneipe ist so voller Qualm, daß man die rückwärtige Wand nicht scharf sehen kann. Dabei rauchen hier im Augenblick nur sechs Personen: drei diskutierende Türken im Blaumann, die mit dem Handrücken immer wieder verächtlich oder bekräftigend auf die »Hürriyet« schlagen, zwei deutsche Kartenspieler, die gemeinsam offenbar vier Flaschen »Paulaner« hinter sich haben, ihre Zigaretten selbst drehen und mit ungeheuer Freude bei der Sache sind (die Sache heißt »Sechsundsechzig«) und ein Bebrillter, der an den Tisch tritt und höflich fragt:

»Ob ich mir hier mal die Zeitung borgen kann?«

Die Spieler ignorieren ihn ganz und gar.

»Die Zeitung hier«, wiederholt er fragend.

»Sog amol, willst mir an Gespräch aufzwingen?«, erwidert der eine Spieler, ohne aufzusehen, reicht ihm, ohne aufzusehen, die Zeitung, bricht aber gleich in ein Gelächter aus, das noch anhalten wird, als der verstörte Frager am Nebentisch bereits das erste Blatt glatt streicht.

Jedenfalls dreschen sie die Karten mit einer Kraft auf den Tisch, die den Boden bis zu meinem Tisch erzittern lässt. Der siebte Mann widmet sich zu dieser Zeit bereits einer Sache, die ihm schwer fallen muß und zu der er seine gesamte Mimik zusammenzieht: Die Lektüre der »Bild«-Zeitung.

Die wirft an diesem schönen bayerischen Mittag die Frage zwischen die Menschen in diese Kneipe: Hat die Enttäuschung über ihren fremdgehenden Mann und seine Demission aus dem Amt eines Schweizer Botschafters in Berlin zur Folge, daß die texanische Diplomatengattin Shawn Bohrer-Fielding ihre erst wenige Wochen alte Leibesfrucht unglücklich verlieren mußte? Wer zählt die Wochen der Früchte im Leib einer ausländischen Diplomatengattin? Der bebrillte Landarbeiter hinter dem mittäglichen Hefeweizen nicht, aber es liegt ein tiefes Bedauern über seinem Gesicht. Dieses Bedauern macht ihn für kurze Zeit glücklicher. Er fühlt sich und hebt deshalb den Kopf schwärmerisch in die Höhe, läßt den Blick über den Wandschmuck gleiten: ein Plakat mit Stadtansicht von Los Angeles, das auf Sperrholz gezogene Puzzle von Flipper, wie er gerade aus dem Wasser springt, zwei Motive von Toulouse-Lautrec auf verspiegeltem Untergrund, das Silberrelief einer Bierkutsche mit Fässern, auf ein Brettchen montiert, das geschnitzte Basrelief einer Brücke unter Fachwerkhäusern.

Sein Blick fällt auch auf die beiden Geldautomaten, die sich gerade durch Leuchtsignale bemerkbar machen. Die Frauenstimme, die aus den Geräten dringt, ist nicht zu verstehen, denn die Türken streiten, die Bayern spielen, das Radio kündigt für das Wochenende »Schaumpartys und einen Wet T-Shirt-Ball« an und die vielleicht achtzehnjährige Bedienung mit den künstlich Mahagoni gefärbten Haaren und der großen Nase liest abgewandt eine Jugendillustrierte. Das ist ihre Welt, auch wenn ihre Welt hier eigentlich gar nicht vorkommt.

Sie ist eine liebe Person, die jeden duzt, aus leicht hervorquellenden Augen geduldig ansieht und dann ein abrupt erhitztes Gulaschsüppchen neben zwei Scheiben feuchten Kümmelbrots aus der Küche holt. Auf dem marineblauen Sweatshirt steht über der linken Brust »Dani« und auf dem Rücken »Fäßle Stammtisch Mindelheim«. Gerade will sie einem mit lautem »Servus« und erhobenem Arm in den kleinen Raum grüßenden Neuankömmling die »Bild«-Zeitung reichen: »Zeitung hat er schon, Schatzi«, sagt der Gast, eine populäre Type, die sich zu den Kartenspielern setzt, auch wenn sein Foxterrier sofort an die Tischkante springt. Der Ankömmling hat offenbar Aufmerksamkeit verdient. Die Karten bleiben für eine Weile unberührt auf dem Tisch liegen. Der Neue beschreibt den Krebstod seines Bruders:

»Das war, wie wenn man ein Stück Fleisch in den Wald wirft und die Ameisen machen sich drüber her. Am Schluß war nichts mehr übrig.«

»Dani«, das sehe ich erst jetzt, da sie den Tresen passiert, trägt eine Jeans mit Kuhfellaufdruck. Ihr Becken ist so breit, daß diese Hose zumindest nicht die dezenteste Wahl darstellt, aber die Männer haben es gern so. Deren Blick wischt eher freundlich an der breiten Rückfront von Dani entlang, und sie würde hier nicht bedienen, wenn sie ein Problem damit hätte. Im Gegenteil, das Treuherzige in ihrem Gesicht gepaart mit der befremdlich uneinheitlichen Proportion der einzelnen physiognomischen Details machen sie im Dorf vielleicht schwer vermittelbar.

Aber hier ist sie richtig, trifft die Sprache, kann einstecken und ausschenken, läßt sich auch mal anmachen und hat ein Gesicht, an dem die Exzesse nicht vorbeigegangen sind, eine heimliche Königin wahrscheinlich, eine, von der jeder im Raum denkt: Das sehe nur ich, wie schön sie eigentlich ist, und die Komplimente, die sie bekommt, oft zwischen Küche und Tresen, da, wo man zum Klo geht und die Wege sich kurz treffen, diese Komplimente haben sich seit Ewigkeiten nicht geändert.

Es sind Pfadfinder-Komplimente über das »süße Lächeln« oder die »Gemeinsamkeiten« mit Männern, mit denen man sich keine Gemeinsamkeiten wünscht. Nur einmal, erzählt mir später ein Gast, war ein Brasilianer da, der in gebrochenem Deutsch fragte: »Ißt du immer Pfauenfleisch?« »Wieso?«, hat sie gefragt, denn das hat noch keiner wissen wollen. »Wie soll ich mir sonst erklären, dass du so einen schönen Hintern hast«, hat der Brasilianer geantwortet, und sie hat ihm auf die Hand gehauen, die ganz brav auf dem Tresen lag, ist ein bißchen rot geworden, und einer der Männer belehrte den Fremden:

»Solche Komplimente macht man hier nicht.« »Hier«, ist das Deutschland oder das Bahnhofslokal von Buchloe, Oberbayern?

Aus ihrer Illustrierten auftauchend, wendet sich Dani dem Fernseher zu, der über dem Türsturz so hoch angebracht wurde, daß man ihn nur anschalten kann, nachdem man auf einen Stuhl gestiegen ist.

Das Bild flammt auf. Ein gedrungener Sechzigjähriger in einer Lederhose mit Wollstrümpfen dirigiert mit winzigem Stöckchen ein Blasorchester. Dani hat die Fernbedienung gefunden, schaltet um auf einen Koala-Bären, der mit übernächtigten Augen nach einem Eukalyptuszweig greift. Sie schaltet zurück. Eigentlich ist es dasselbe Bild. Sie schaltet aus.

»Der Nächste bitte«, ruft sie fröhlich in den Raum, sieben Köpfe heben sich, und zum ersten Mal gehört ihr Lachen ganz ihr alleine, so aufgeschreckt gucken die Gesichter.

Der wahre Mann fürchtet nur Frauen und Vorgesetzte.

Drei Tage später fehlen mir Dani, der Raum und seine Besatzung.

Der sagenhafte Ort, an dem die Ausläufer des Bayerischen auf die des Oberpfälzer Waldes treffen: Hier hat der Pinsel der Natur mit breitem Strich aufgetragen, die geschwungenen Waldeslinien vor den pastos abgesetzten Äckern, dem lasierten Grün der frischen Wiesen, mit Höfen, wie sie ein Miniaturmaler mit erhabenen Pünktchen auftragen würde. Inbegriff der Landschaft, und doch wirkt die Natur kaum naturgetreu, und ihre Farbe ist eigentlich nur Dekoration. Diese Landschaft ist Form, Struktur oder Wellenschlag, sie besitzt den Rhythmus eines Faltenwurfs in alten flämischen Gemälden.

Auch haben die Farben eine andere Rezeptur, das Sepia der trockenen, das Umbra der frisch gepflügten Äcker unter dem Strahlenglanz des blauesten, des Fujichroma-Himmels. Kaum verändert sich die Beleuchtungssituation, das Firmament wird trüb, so reist man in das Negativ einer Landschaft hinein, die bald im Nebel so feinkörnig wird, als zerfiele sie in lauter Rasterpunkte. Nein, wirklichkeitsgetreu wirkt sie hier nicht, die Wirklichkeit.

Schon gar nicht diese hier. Die sehr alte und wegen ihres Kohlevorkommens bis in die Siebziger Jahre hinein reichste Gemeinde Bayerns, »Wackersdorf« mit Namen. Dann kam, was die Geschichte des kleinen, erstmals im Jahre 1150 erwähnten Ortes überschatten sollte: das Projekt der Atomaufbereitungsanlage.

Wer in seiner Jugend nie ein Staatsfeind gewesen ist, wird angeblich niemals erwachsen. Wackersdorf hat einer ganzen Generation geholfen, erwachsen zu werden, die Schmähbegriffe »Chaot« und »Krawallmacher« wie Titel zu tragen und von »schweren Auseinandersetzungen mit der bayerischen Polizei« erzählen zu können wie von einem persönlichen Verdun.

Am Pfingstsamstag 1986 saß ich in einem Bus, mit Freunden unterwegs zu einer verbotenen Demonstration in Wackersdorf. Bewaffnet war keiner von uns, aber »We Shall Overcome« sang auch niemand. Ich höre noch, wie einer sagte: »Diese Anlage wird nie gebaut«, und ein anderer antwortete: »Nur über Franz Josefs Leiche«.

Inmitten der schönsten oberpfälzischen Landschaft sah man die Großbaustelle der Wiederaufbereitungsanlage schon aus der Ferne wie eine offene Wunde liegen, der Wald rasiert, die Erde ausgeweidet. Die ersten Polizeieinheiten durchsuchten die Busse, die nächsten bildeten sinnlose Ketten, durch die wir vom Ort des Geschehens fern gehalten werden sollten, Kleinbusse mit Rot-Kreuz-Emblemen parkten am Waldrand, alles fühlte sich an wie Vorkriegszeit. Und alle sprachen von dem, was unweigerlich passieren mußte, doch nicht passierte. Man ging in einer Prozession um das Gelände und brachte Transparente am Maschendraht an. Wären noch Sitzprominente dabei gewesen, es hätte Kirchentag sein können.

Um zwei Uhr mittags war es dann um den Frieden geschehen: Eine halbe Hundertschaft Polizisten schloss plötzlich wahllos eine Gruppe Demonstranten am Zaun ein, wurde folgerichtig von einer Hundertschaft Demonstranten ihrerseits eingeschlossen, suchte freizubrechen, wurde von immer neu hinzuströmenden, behelmten und prügelnden Polizeieinheiten befreit, und übergangslos brach eine so archaische, unkontrollierte Gewalt aus, wie ich sie nie erlebt hatte. Wasserwerfer bespritzten uns mit Gasen, über uns stieg ein Hubschrauber auf, der breite Schwaden von CS- und CN-Gasen abließ, in einem Ambulanzwagen wurde ein Junge mit Palästinenserfeudel an seinem abgerissenen Fingerstumpf versorgt.

Meine Freundin Nicola litt plötzlich an einem brennenden Ausschlag, der in den nächsten Tagen von den Füßen aufwärts wandern würde. Später erfuhren wir, daß solche Gase in Vietnam eingesetzt worden und nach Völkerrechtskonvention verboten waren. Trotzdem fühlten wir uns als Staatsfeinde irgendwie wohl, wohler noch, weil wir in diesem Kriegsszenario unsere eigene Gegnerschaft als immer legitimer empfanden, wohler auch, da wir dieses eine Mal wenigstens tatsächlich eine einseitige Provokation der Polizei erlebt hatten.

Im Bus zurück waren wir alle Veteranen, versehrt, dekoriert und schwadronierend. Die Widerspiegelung dessen, was wir erlebt hatten, suchten wir anderntags in den

Zeitungen vergeblich. Mein Körper sollte sich von den Blessuren rasch erholen, mein Staatsverständnis nie.

Die Landschaft heute: ein Stück Körper, dem man gründlich die Haut abgezogen hat, die Hornhaut und die Unterhaut. Ein starkes Stück Natur, sagen sie heute, stark wie eine Narbe, eine »Symbiose aus Arbeiten und Wohnen« propagieren sie, weil der »Zweckverband Oberpfälzer Seenland« etwas Erholung abseits der neuen Industriegebiete organisiert, ein Schlachtfeld, auf dem die Touristen des Widerstands mit ihren Gehstöcken stehen und mit der ausgestreckten Hand in die Ferne zeigen. Hier waren wir. Auf der Schädelstätte unserer Illusionen. Der Mann mit dem Gehstock erinnert sich heftig: Wo die Senke ist, war der Wald, wo die Häusergruppe da oben am Kamm ist, da waren Baumwipfel, und über den Baumwipfeln erschien damals der Helikopter und warf kontaminiertes Wasser ab. Er erzählt es sich selbst, und es klingt, als sei damals gleich die ganze Landschaft ausgetauscht worden. Eigentlich eine glückliche Erzählung. Einmal, ein einziges Mal war er in seinem Leben auf der Höhe seiner Zeit. Seither läuft er seiner besseren Vergangenheit hinterher und seufzt: the way we were.

Auf der Bank eines Bus-Häuschen an der Landstraße. Wir warten: eine Mutter mit einer sehr dicken Tochter zur rechten, eine schwarz gekleidete Alte mit Kopftuch auf der linken Seite.

Die Mutter mit einer zurückgelassenen Zeitung, aufgeschlagen die Seite mit der Schlagzeile: »Engelbert Humperdinck: Die Deutschen Frauen haben mir das Petting beigebracht«, darunter: »Lebkuchenhäuserl, wie man sie baut«. Nein, diese Zeitung ist nicht von heute. Sie läßt sie sinken, die Tochter daneben, fett mit Pommes frites und

Ketchup auf einer Pappschale. Sie schlingen im Wettbewerb.

Dazwischen streiten sie über Britney Spears. Die Mutter sagt:

»Die kann doch gar nicht singen!«

Das Kind nölt:

»Darum geht es doch gar nicht!«

Weil die Mutter nicht versteht, daß es nicht darum geht, versteht sie die Welt nicht mehr.

Auf der Straße kommt ein Hund mit Glasauge vorbei – zumindest starrt sein linkes Auge ohne Lidschlag seitlich in die Landschaft, während das rechte zu aufgeregt hin und her wandert.

Dahinter folgt ein Koloß auf einem viel zu kleinen Fahrrad. In einem Körbchen hinten drauf fährt er ein Kind aus, ein gutmütig in die Felder blickendes, das aussieht, als sei es immer noch stolz, den Wettlauf auf die mütterliche Eizelle gewonnen zu haben.

»Was für ein hübsches Mädchen haben Sie da«, sagt die kopftuchige Alte zu der kunstblonden Mutter und läßt die Zeitung sinken.

Das Kind sitzt breitbeinig, mit fettblöden Augen erst dem Kind auf dem Fahrrad nachschauend, dann den Blick der Alten suchend, die unverwandt das Essen anstiert.

»Bockwurst haben wir zu Hause«, sagt die Mutter entschuldigend. »Da wollten wir auch mal so was haben.«

Sie langt wieder zu.

»Und wo haben Sie das her?«

»Von da oben«, der schillernde Daumen fliegt über die Schulter, wo erst die Rückwand des Häuschens kommt, dann eine Felder-Flucht.

»Zwei Euro?«

»Zweizwanzig.«

»Ich hab Hunger«, schreit das fette Mädchen, kaum sind die letzten Pommes frites im Mund verschwunden.

»Wenn die Kinder Hunger haben, verteilen Sie kleinere Löffel«, rät die Alte der Mutter. Sie behandelt das Organische wie etwas Moralisches.

Das Kind glotzt auf seine saftig eingespeichelten Fingerkuppen.

»Einmal ist sie drei Monate krank gewesen«, berichtet die Mutter. Beide Frauen setzen pflichtschuldig besorgte Gesichter auf. »Da hat sie in ihrem Bett ein Hühnerei ausbrüten wollen. Nachts hat sie sich natürlich immer wieder draufgewälzt. Zweimal die Woche war das Laken reif.«

»Und nach einem Monat ist trotzdem ein Küken ausgeschlüpft«, greint das Kind. »Aber es hatte ganz weiße Augen.«

Die Alte glaubt kein Wort.

»Und, hast du schon einen Freund?«, will sie wissen, aber ihre Bemerkung von den kleineren Löffeln ist noch unvergessen.

Das fette Mädchen nickt.

»Dann seid ihr also glücklich«, konstatiert die Alte, nicht daß sie fragen würde!

»Er hält zu mir«, antwortet das Mädchen. »Das heißt, es macht ihm nichts aus, mit mir zusammen zu sein.«

Nach einer pietätvollen Pause beginnt die Alte mit der Lektüre des Artikels »Lebkuchenhäuserl, wie man sie baut«.

Es ist Sommer.

In einem Hotel in den Alpen sehe ich zu, wie der Bundeswalser, mal Martin, mal Kanzler, öffentlich die Nation erfühlt. Die Sommerkollektion der Emotionen ist eingetroffen, Der eine genießt das Pathos des Nationalen im Fußball, der andere als »Stuttgart-Leipzig-Gefühl«. Die »Hamburg-Mannheimer« produziert übrigens auch Gefühle. Wer eigentlich nicht? Wer die stärksten? Im Publikum sehen die Menschen sehr bedenklich drein: Der direkte Bezug zwischen allgemeinem Wohlsein und eigenem Unwohlsein heißt doch auch »Deutschland«, nicht wahr? Und in welcher Beziehung steht, was dort klug und vorsichtig und unverbindlich und gratis formuliert wird, zur Wirklichkeit des Landes? »Sagt ja, Sagt nein, Getanzt Muss Seyn«, lautet die Inschrift auf dem größten europäischen Totentanz in Füssen. Und alle Stände tanzen in ihre Heimat Tod. Auch ein Gefühl.

Vermutlich würde es den Menschen das Sprechen über ihr Land erleichtern, wenn sie sich alle als Heimatvertriebene erkennen wollten, davongejagt aus künstlichen Paradiesen. Von der Heimat lohnt es sich nur zu sprechen als von einem Mangel, dem Inbegriff des Verlorenen.

Nur die Bayern verstehen ihre Heimat als etwas Objektives und Überpersönliches. Wahrscheinlich sind sie das einzige Volk, das sich wünscht, seinem Klischee ähnlich zu bleiben, und je fadenscheiniger die Klischees werden, desto selbstbewußter muss man sie vortragen. Keine Neureichenvilla ohne holzgeschnitzten Balkon, keine IT-Branche ohne Tracht, kein Eintritt in die Globalisierung ohne Campanilismus.

Im Grunde muß sich alles um einen Turm scharen, besser noch um einen Stammtisch, einen Wimpel. Der enge Horizont ist eine Lebensform, deshalb verwandelt der Bayer alles ins Beschauliche, und auch die Tracht ist keine Kleidung, in der man sich schnell bewegt.

Der weite Horizont dagegen ist in jeder Hinsicht suspekt. Wer ein Bayer ist, bewahrt seine Verbindung zum

Kreatürlichen: Er schnupft und kaut, er säuft und kotzt, er spuckt und furzt und vegetarisch ist er gar nicht denkbar. Das Verhältnis des Bayern zum Fleisch umfaßt alles, was Fleisch ist, vom Geschlachteten bis zum Dekolletee. Wo hätte man es je besser?

Wer von draußen kommt, ist suspekt. Wer raus will, nicht minder. Wer drin bleibt, muss sein Leben mit den Vorsilben »königlich«, »traditionell«, »Hof-«, »Ur-« oder »Rahm-« kombinieren können. Der Staat ist eine Russenpuppe, in ihrem Kern kultiviert der Bayer das Gefühl, dass jenseits seiner Grenzen Fremde ist. Deshalb dieses starke »Mir san Mir-Gefühl«, dieses »In Bayern gehen die Uhren anders«, diese Suggestion, es sei eine furchtbare Kraftanstrengung, Bayer zu sein und zu bleiben.

Er erhält seine Dörfer in Perspektiven aus alter Zeit. Da ist die Macht der Kirche zuerst eine Macht der Proportionen. Klein werden die Siedlungen vor den hochfahrenden Sakralbauten in Füssen und Passau, in deren Umkreis nichts auf Gegenwart verweist: nicht die Schornsteine, die ihren blauen Rauch in den Himmel kräuseln, nicht die Kirchlein und Kapellen, die Burgen mit Ställen und Höfen, die Friedhöfe mit dem Gemeindeanger, nicht die Stadtstrukturen, die immer noch den Innenräumen nachempfunden werden und wirken wie die Teile eines einziges Bauwerks und untereinander verschmelzen ohne echte Grenze zwischen öffentlichem und privatem Raum. Die Straßen werden zu Wegen zu Treppen zu Pferdetreppen zu Gängen zu Fluren zu Wohnzimmern zu Kammern und endlich zum Sarg.

Hier, in der Enge, inszenieren die Bayern-Mythen ihren Umschlag ins Heimliche, Dunkle, Verborgene. Da gibt es Förster-Epen mit Edelweißrittern, Nothütten über Gletscherspalten, Höllenschluchten und die Teufelsklamm.

Dort verdichtet sich die Landschaft zum Spalt in der Erde, aus dem das Wasser kataraktartig fällt, in einsame Waldtümpel mit schwarzer Oberfläche, über die Spinnen laufen, während zu beiden Seiten nackte Felswände zucken in opernhafter Theatralik, beschwichtigt vom Wogen der Buschwindröschen, Sumpfdotterblumen, Himmelsschlüssel.

Der einzige von der Natur noch gefährdete Mensch lebt in Bayern; gerne malt er sich als heroischer Mensch, als letzter Jäger. Deshalb erwarte man von ihm nichts Liebliches, nichts Verfeinertes, nichts Elegantes.

Hier heißen Textilgeschäfte »Mode und Tracht«, und man steht vor dem Fenster und sagt: Aha, der bunt bestickte Rock, der mit seidenem Tuch umwickelte Strohhut, das ist Mode. Der dicke Pullover dagegen mit den genähten Lederapplikationen, Rhombenmustern und Schließen aus Silber mit aufgeprägtem Edelweiß, das ist Tracht, und damit es nicht altbacken wird, fragt ein kokettes, handgemaltes Schild in Schreibschrift: »Lust auf traumhaft schöne Wäsche aus Albstadt?« Und ob, und zwar auf Floraldessins auf hautfreundlichen Textilien.

Der Bayer hat immer so getan, als brauche er Artenschutz, aber nicht, weil er gefährdet wäre, sondern, weil ihm dieses Gefühl erlaubte, immer identischer zu werden. Im Grunde ist Bayern seit Ende des Kalten Krieges weniger bayerisch, denn worauf hatte es der moskowitische Bär, der Iwan, der Soffjetmensch wohl vor allem abgesehen: auf unsere Mädchen, unser Bier, unseren herrlichen weiß-blauen Himmel. Den schütze Gott, der große Vorgesetzte und Zuständige.

Und es ist ja auch wahr: Die Berge sind katholisch, das Meer ist protestantisch. Wer im Schatten der Berge aufwächst, lebt in der Gegenwart des Größeren, er erfährt die

Natur als Gott, den Berg als Macht. So ist der Mensch in seiner Kleinheit eigentlich Gottesdiener, wo er Bauer ist, und die letzte Form der Naturreligion auf deutschem Boden beschwört die Heiligkeit und Unantastbarkeit der Berge.

Deshalb gibt es immer noch ein Bayern, das nach dem Bilde von Bayern erhalten bleibt, mit unbegradigten Flüssen, Matten, die wie Golfplätze in den Höhen ausgelegt wurden, Weiten, in denen der Zwölfender noch röhrt. Da stehen Kapellchen im Gelände, als wollte man sich klein machen vor Gott und den Monumentalbauten verschachtelter Klosterkomplexe. Sie sind geronnene Macht, im unteren Teil Wehrbauten, im oberen himmelsstürmend.

Es ist diese Landschaft, die tut, als sei sie alt und ursprünglich und für die Idylle konzipiert. Ja, sagte Gott oder das Landschaftspflegeamt: Hier lassen wir den Mischwald in Mischwiesen übergehen. Auf diesen Hügel stellen wir noch ein Kapellchen, an dieser Kreuzung widmen wir dem letzten Unfalltoten das schönste Kreuz, hinter diesen Barock-Kleinodien soll für immer ein Gasthaus mit gestampftem Erdreich als Boden stehen, wenn die Klöster noch Starkbier brauen, dann sollen auf den Etiketten Mönche sein mit roten, wie mit Speckschwarten abgeriebenen Gesichtern, und wenn die Postbrauerei Nesselwang Schweinsbraten verkauft, dann stehe eine Schiefertafel draußen mit dem Preis: »7.50 Euro«, und für nur das Zehnfache bekomme ich schon private Kunstmalerei bayerischer Moderne, also zwei Mädchen in leichten Kleidern mit sonndurchfluteten Haaren.

Wenn hier jemand »Kultur« sagt, ist das Universum der lokalen Kultur gemeint mit Alphornbläsertreffen, Hirtentagen, dem Internationalen Holzschnitzerfest in

Jungholz, den Fatimapilgertagen samt regelmäßiger Erneuerung der Weihe an das unbefleckte Herz Mariens, Erteilung des großen Krankensegens, Maria Vesperbild mit Fahrzeugsegnung und Sakramentsprozession. Dazu die Kulturfestivals: Klang und Raum im Kloster Irsee, Sinfonieorchester Vorarlberg, Schubertiade in Schwarzenberg, Fürstensaalkonzerte in Füssen, Oberallgäuer Meisterkonzerte, Kulturwerkstatt Sonthofen, Kultur- und Brauchtumstage in Fischen, Kulturprogramm Kikeriki, Mundartforum im Kornhaus Kempten, Kulturtupfer Oberstaufen, Sonthofer Chortage, Jazz goes Kempten, Allgäuer Löwenzahnfrühling, Musik im Pfaffenwinkel, Kulturpfad Schutzengelweg. Zu schweigen vom Nesselwanger Herbst nach Noten, den »Klingenden Bergen«, dem Historischen Tänzelfest von Kaufbeuren, dem Kalkofenfest in Halblech, von Ausstellungen wie »Konflikt am Straßenrand: Wegkreuze und Verkehrszeichen«, »Künstlicher Regen: Annäherung an die Gießkanne« und Vorträgen, betitelt: »Im Aufwind: Wappenvogel und Fabeltier«, »Im Totholz pulsiert das Leben«, »Dicke Luft im Bergwald« oder »Vom Märchenwald bis zum Latschendickicht«.

Damit müßte der vollständige Mensch kulturell eigentlich auskommen. Der Rest ist Körperkultur, also die Fortsetzung der Bildung mit anderen Mitteln, mit Schlamm, Moor, Lehm und Fango zum Beispiel. Freuen Sie sich auf die sanften Jubiläums-Wohlfühlwochen für Frauen im schwäbischen Heilbad Krumbad, werden Sie mit Jodschwefel in zwei Wochen »moorgesund«, gewinnen Sie neue Kraft aus Wasser dank der »Z-Methode«, erleben Sie Gesundheit im »traditionsreichen Säuerling« mit »Kur Kompakt«, wählen Sie das »Kaiserin Sissi – 365 Tage Special«, die »Jean Paul Rheuma-Kur«, die »Leo von Klenze

Kur« oder einfach die »Schnupper-Schroth-Woche«, erfreuen Sie sich am Thermalwasser in Schwangau, aber sagen Sie nicht weiter, dass das Thermalwasser aus Hannover zugeliefert wird.

Wenn Sie allerdings Pech haben, geht all diese Wellness unmittelbar in Ihr Ableben über. Die Veranstaltungen aber, auf denen Sie das erfahren, haben wenigstens ein bißchen vom deutschen Comedy-Boom profitiert. Man muß ja auch nicht alles so verbissen sehen: Wirbt die Schlossparkresidenz Schönbühl noch mit: »Werden Sie in Ruhe alt … es lohnt sich!«, und Sie fragen sich vielleicht, was sich da noch lohnen soll zwischen »barrierefreiem Wohnen« und »Therapieangeboten«, die »Physiotherapie und Friseursalon« einschließen, so informiert die Gleichstellungsstelle des Landratsamtes Ostallgäu in Marktoberndorf zum Thema »Frauen und Gesundheit« gleich unter dem Titel: »8, 9, 10 … du mußt gehen.« Da geht es um Brustkrebs, in Buchloe heißt es: »Reiß dich doch mal zusammen«, da geht es um Depressionen, in Füssen unter dem Titel: »Durch dick und dünn …!« um Eß-Störungen.

Die Sprache ist befallen, das heißt das Denken, und weil auch der Gemeinderat weiß, daß die Amerikaner den Begriff »Neuschwanstein« nur unter »Cinderella Castle« kennen, hat man ihnen in Füssen jetzt erst einmal all die »Wellness« und »Beauty Farms« austreiben wollen – nicht wirklich, aber sprachlich. Der Gemeinderat verabschiedete eine Resolution, nach der all diese Schilder mit »Shop« und »Inn« und »Pub« und »Center« verschwinden und deutschen Namen weichen sollten. Doch internationale Firmen alias »ausländische Investoren« wie Benetton setzten sich vor Gericht durch und retteten die internationale Wellness der Sprache.

Ja, jetzt müssen sich die Bayern entscheiden: Wollen sie eine Heimat haben oder einen Standort?

Bisher ist dieses Bayern mit seinen Rüstungs- und Medienkonzernen eine Industrienation mit dem Anschein eines Agrarstaats mit vorindustriellen Idyllen. Und wenn etwas »Adlerhorst« heißt, kann man sicher sein, daß heute eine Managerschule darin sitzt. Aber jetzt muß es auch Rüstungs- und Medien- und IT-Branche-Zentrum werden, doch genauso Zentrum für Holzkunst mit Herz.

Schwierig.

Vorwärts also, an den Ort, wo alle Widersprüche schweigen, in die Arme des Herrn, des gegeißelten, der in der Wieskirche durch Opulenz und Verschwendung spricht. Ja, sieht man sich die Deckenfresken im Gewölbe an, findet man das Darstellertum der Soap. Jeder tut, als hätte er gerade eine Großaufnahme, exaltiert, übertrieben, von der eigenen Bedeutung trunken. Und dann bekommt der Himmel eines Tages Risse. Sie drohen herunterzukommen, die Bibel-Sternchen und –Stars, ihre Kleider und Attribute, ihre Gliedmaßen und Gesichter in das Hauptschiff fallen zu lassen. »Die Flattermänner sind schuld«, sagt der Kustode. Gemeint sind des Herrgotts Hubschrauber, deren Vibrationen beim direkten Überflug die Gewölbe allmählich erschütterten. Jetzt hat der Gemeinderat Luftruhe verordnet.

Eine Frau sieht noch immer ängstlich in die lichtdurchflutete Decke, als könne diese einstürzen. Das Fresko stellt sich den Himmel wie eine Kuppel vor, wo es höher und höher und höher geht und Gott und Christus und das blecherne Schaf und die Taube und die alttestamentarischen Helden ins Unendliche gestaffelt den Himmelsdom bevölkern und auf der Himmelspforte steht: »Tempus non erit amplius.« Da steht die Frau ganz klein und bedenklich sieht sie hinauf. Die Wahl ihrer Kleider verrät einen anderen Geschmack als ihn der Himmel hat. Aber ästhetisch spricht Gott alle Sprachen.

Dann schreitet sie in die Galerie zur Rechten und Linken des Altars und liest nach, was die Gläubigen dem Herrn so zu sagen, was sie zu erbitten und dafür zu geben haben:

mal schlicht: »Danke, lieber Gott. Der gegeißelte Heiland in der Wies hat geholfen.« Oder: »Der Wies-Heiland hat geholfen.«

Dann salopp: »Hallo, lieber Gott wir danken Dir für den schönen Urlaub, den wir erleben durften, Friede werde, es strahlt dein Licht.«

Manchmal klingen die Wünsche ganz pauschal: »Bitte, lieber Gott, heile meine Familie immer, wenn jemand krank geworden ist« oder »Lieber gegeißelter Heiland. Mache mich und Dieter glücklich. Ich bete drum.« Oder schlicht: »Beschütze uns und die ganze Welt.«

Mal klingen sie sehr distinkt: »Lieber Gott, bitte laß Benni und Packo Freunde werden und mach, daß Tante Andrea erlaubt, daß wir den Wellensittich von Kathi als Freund für Ernie holen.«

»Zum Dank für die sehr gut bestandene Abschlußprüfung« gibt es Dürers »Betende Hände« handgestickt. Zum Dank für die überstandene Detonation im Dachstuhl gibt es eine Zeichnung von der Detonation im Dachstuhl, beschriftet: »Mein Gott, du standst bei der furchtbaren Explosion neben mir.«

Doch auch die Sprache der Mystikerinnen wird hier noch gesprochen. »Oh Herr, minne mich gewaltig und minne mich oft und lang, je öfter du mich minnest, um so reiner werde ich; je gewaltiger du mich minnest, um so schöner werde ich; je länger du mich minnest, desto heili-

ger werde ich auf Erden«, schrie die mittelalterliche
Mechthild von Magdeburg. Da bleibt die Unbekannte aus
der Wies nicht minder unverblümt:

»Ich bin so hungrig nach Liebe. Ohne Liebe kann ich
nicht leben. Gott, lass mich deine Liebe zu mir spüren.
Fülle mein Innerstes mit deiner Liebe. Komm, Gott,
KOMM!«

Vor diesen Versalien muss selbst Gott auf die Knie fallen. Er ist, wie jeder sechste Bayer, Single.

Manchmal liegen in der Höhe die Matten wie zwischen
den Felsen verklebt, manchmal wie Parks, über deren Horizont die Felsmassive aufsteigen. Die Milchwirtschaft hat
Monokulturen gefördert, so grasen hier nur noch Kühe,
doch in die tief türkise Lech tauchen Graugans und Cana-
dagans, Streifengans und Haubentaucher, Kormoran und
Gänsesäger, Blesshuhn, Stock- und Kolbenente, und am
Ufer wacht die organisierte Hundekotentsorgung.

Bei Augsburg fließt die Lech in die Donau, bis dahin
wird sie auf gut 110 Kilometern 23 mal gestaut. Die Natur
ist nicht natürlich, und auch zwei Weiler verschwanden
auf dem Grund des Forggensees.

»Das Rotwild steht in den Bergen«, erklärt der Bauer
vom Einzelhof. In der Seitentasche seiner Lodenjacke
steckt der »Bastei«-Western von G. F. Unger mit dem Titel: »Einsam in der Hölle«.

»Im Winter kommt es runter, wandert über die Straße,
dem See zu, um bei Mühlegg der geregelten Wildfütte-
rung nachzugehen. Im Winter sieht man da Rehe, auch
kapitale Hirsche, und nur die Gemsen bleiben in den Bergen, bei den Steinböcken, die sich auch tief in die Ödnis
zurückziehen.«

Ja, und von den Karpaten aus wandern selbst die Bären

wieder Richtung Bayerischer Wald, und auch die Wölfe kehren zurück, und vielleicht sitzen selbst Köhler wieder an ihren Haufen, und auf den Lichtungen tanzen braune Kinder.

Nur die Füchse sind so frech geworden, daß sie schon am Tag auf Mäusejagd gehen. Man hatte aus den Schlachtereien abgeschlagene Hühnerköpfe herangebracht. Die fressen sie gern. Aber in den Köpfen steckte eine Alukapsel mit einem Impfpräparat gegen Tollwut. Jetzt sterben die Füchse nicht mehr aus und müssen wieder geschossen werden, und der Mensch lebt in Angst vor dem Fuchsbandwurm, der seine tödliche Krankheit durch Beeren überträgt. Bald wird der Mensch Alukapseln aus Hühnerköpfen essen müssen, sagt der Einödbauer, das ist der Kreislauf der Natur.

Wir stehen auf dem »agger« des Klosters St. Mang in Füssen, im alten Stadtgarten, der um 1500 als Krautgarten angelegt, bald wegen Diebstahls geschlossen und später zurückgekauft wurde, damit das Volk einen Auslauf hat und sich freut, und das Volk freut sich, malt auf den Unterstand: »My Body is made of Love«, daneben ein tropfendes Glied, auf das Plakat mit der Aufschrift »Faszination Deutschland« hat jemand gekrakelt: »I fuck on Lindau«, und daneben die schlimmste aller möglichen Verwünschungen: »Schwule Hoden!«

Von irgendwo dringt der wahre Sommerhit des Jahres herauf, »O Sole Mio«, in einem Arrangement für Panflöte, Harfe und Hammondorgel. Gegenwart, das ist die Gleichzeitigkeit aller Zeiten, in Schichten übereinander aufgetragen: die Schmierereien an der Wand, der Groschenroman, das venezianische Volkslied, der Klostergarten, der Fels des Hochgebirges. Auch an dem Einödbauer haben Jahrhunderte gearbeitet. Sein Hof liegt da oben, wo man es nicht sehen kann, seit Ur-Ur-Großvaters Zeiten, und trotzdem ist auch er ein Vertriebener: Die Berge wurden vertrieben, das Wild, die Vegetation auch, sogar das Wetter. Jetzt geht er nach Hause, in die voll gestellten, leeren Räume, in denen der Rest des Tages schon wartet, auf seine Erstickung.

»Local train goes over Plattling.« Dem Zugführer ist der Tag eigentlich schon verdorben, wenn er einem Preußen begegnen muß, und nun soll er selbst die Regionalbahn mehrsprachig führen? Ach, alle Menschen werden Moderatoren. Selbst die Zugchefs sind jetzt locker mehrsprachig oder mehrsprachig locker. Aber das Land, durch das sie hier ihre Eisenbahn steuern, ist eher Plattling. Idyllisch, beschaulich, mit dem Kreuz im Giebel, so, als wäre es die Aufgabe jedes Hofes, jedes Baumes, jedes Ackers und jeder Wolke, das Wort »Heimat« zu buchstabieren.

Ich erinnere mich an Sherlock Holmes, wie er einmal in der Bahn mit Doktor Watson durch eine solche Landschaft reist.

»Sie sehen diese verstreuten Häuser«, sagt er, »und sind von ihrer Schönheit beeindruckt. Ich schaue sie mir an, und das Einzige, das mich beherrscht, ist die Empfindung ihrer Abgeschiedenheit und der Gedanke an die Ungestraftheit, mit der hier ein Verbrechen begangen werden kann. (…) Denken Sie an all die Taten höllischer Grausamkeit, an all die verborgene Schlechtigkeit, die dort jahrein, jahraus stattfinden kann, ohne daß jemand darum weiß.«

Kann man aus der Bahn ins Land sehen ohne die Vorstellung: Wenn in diesem Hof lebtest, wie würde sich das Leben ändern? Vor dem Feld, das im Sommer braun wird, im Geruch des Tauwetters, mit den Geräuschen der Tiere, die in der Frühe auf die nahe Weide getrieben werden, mit Blick auf die entfernte Bahn, die man sehen würde von hier mit dem Gedanken: Wie würde sich mein Leben ändern, wenn ich in der Bahn säße und diesen Hof vorbeiliegen sähe …

Und in diesem Zug:

»Ob wir in diesem Jahr noch einen Sommer kriegen?«, sagt die junge Ehefrau, die nur zu Besuch ist, und läßt den Satz in der Luft hängen. Vier Augenpaare fahren mit der Landschaft. »Ich glaube nicht daran«, sagt sie dann, aber sie meint: nie mehr, kein Sommer mehr, kein einziger. Was keiner weiß: Sie verschickt immer noch Todesanzeigen für ihre zweijährige Tochter, die vor drei Jahren starb. Die Nachbarn sagen: Sie benutzt die Todesanzeigen als Briefpapier. Ihr geschiedener Mann sagt: Ihr Gesicht ist eine Todesanzeige.

Auf der anderen Seite des Gangs zwei Mädchen auf dem Heimweg von der Schule: Die eine, fett, mit curryfarbenen Haaren, ebensolchen Lackschuhen, sieht ihrem Freund auf dem Bahnsteig nach:

»Mei, der ißt scho wieder Bratwürscht. Hatter b'stellt, weil er 'n Schnackler hat, samt dem Senf, mei, es schmeckt eam halt. Was mach i bloß mit meim Freind, wenn i umzeag?«

Die Freundin ungerührt:

»A Mo der 25 und a Single ist, des geht schiaf!«

»Mit dem ganzen Zeug, was er sich in den Hals schmiert? Er möchts ja lassen, das is voll krass, er kriegt's aber nicht hin.«

Die Gemütliche: »Und Rauchen kennst des a? Wiefui brauchst ma do? «

Sie drosseln nicht einmal die Stimme.

»Ein Gramm. Minimum.«

»Mi tat amol interessieren, wos am wenigsten kost, in Tschechien? Da an der Grenze …?«

»Mir hom's am Wochenende g'mocht: Vier Jungs und i. Da hom wir uns nackert ausgezogen …«

»Die Eltern net dahoam: koaner, der wos dir den Arsch abwischt, wenn was daneben geht, wos?«

Ihre Stimmen gehen im Gelächter unter. Wir erreichen Passau. Die Silhouette der Stadt ist von jener Schönheit, die verführt, die Beobachtung des Sherlock Holmes zu überprüfen. Ich frage einen gemütlichen Mittfünfziger direkt:

»Könnten Sie mir eine Auskunft geben?«

Er: »Ich gebe über alles Auskunft«, dann singend: »Auskunft, Auskunft über alles …«

»Wo findet man denn hier das Laster?«

Er hängt noch seinem Scherz nach, produziert als Antwort deshalb nur drei fragenden Worte:

»Ja? Wie? Laster?«

»Wo sündigen die Leute?«

»Meinen's anen Erotic-Shop?«

Meine ich nicht, denn in Beate Uhse International stolpert man ja gleich vom Bahnhof aus hinein.

»Na, da müssen's in eine größere Stadt!«

Die liegt Hunderte von Kilometern entfernt.

In Nürnberg findet an diesem Wochenende das »Barden-Treffen« statt, »Open-Air«, unterstützt von der Stadtzeitung »Plärrer«. Ein wahrer Barde verkleidet sich als Hans Sachs und singt durch eine Öffnung im Bart vom Frieden. Ich minne dich, »Tucher«-Bier-Hosteß, will er sagen und tremoliert wie in Zeiten, da die Liebenden noch das Waschwasser ihrer Geliebten tranken. Doch auch hier gehen die tätowierten Bühnenarbeiter mit dem Stolz echter Roadys über die Bretter, die ihre Welt bedeuten.

»Barden« müssen Männer sein mit Gemüt und Saiteninstrument. Auf der Bühne aber stehen im Augenblick vier finnische Blondinen, die mit dünnen Stimmen und viel Beat auf ein sichtlich ungerührtes Nürnberger Publikum herniederpiepsen. Unter den Sonnenschirmen des Bier-Sponsors versammeln sich auch schon Frauen mit lotrechten Stirnfalten und machen die Gesichter von Rezensentinnen.

»Do you like shopping?«, schreit die finnische Bandleaderin fragend in die Menge, denn sie wird gleich auf ihre Platten-Verkäufe hinweisen. Jetzt jubelt das Nürnberger Publikum unartikuliert. Nur ein Provinz-Campino hebt den tätowierten Arm und gröhlt: OOOAAAHHH!

»Jede Menge Deppen hier«, sagt ein Vorübergehender kritisch.

Das gehört einfach auch zum Barden.

Ist vielleicht jemand aus der RAF im Publikum? Oder vom Schlesier-Verband? Wie viele Krebskranke strömen gerade auf den Platz? Wie viele Steuerflüchtige? Plötzlich sind alle Unterschiede dahin, es gibt nur ein Verhalten zur Musik. Wenn sie wirkt, ist es persönlich.

Hinter einer Säule abseits der kleinen Nebenbühne am Bahnhof steht eine Getriebene, hört irischen Straßenmusikern zu mit ihrer verfluchten Romantik, beißt in einen Cheeseburger und weint. Dann hält sie es nicht aus, stürzt in die Unterführung und steht im Halbdunkel. Als sie wieder hervorkommt, spielen zwei Bagpipes »The Jolly Beggar Reel«. Schon duckt sie sich wieder in ihre Tränen.

Der Penner mit dem verwitterten Gesicht hat alles gesehen und aufgehoben. Seine Rede kommt als Monolog, Fazit: Er lebt eigentlich nur, um Erinnerungen zu sammeln, und sammelt Erinnerungen nur, damit es ihm auf dem Sterbebett nicht langweilig wird. Dann werden auch die Barden wieder auferstehen.

In die Alpen, über die Dörfer. Wie schön es ist! Die Alten sitzen noch wirklich vor den Türen. Die Wanderstöcke aus Wurzelholz mit den Metallspitzen klappern beim Gehen auf dem Asphalt und wenn man nur in einem Gasthof sitzen bleibt und wartet, dann beginnen die Geschichten. Ich bin jetzt nicht weit vor Oberstorf. Hinter der Theke der örtlichen Schenke steht eine begnadete Zapferin, die alles gleichzeitig kann. Sie ist gesund und braun und laut und warmherzig. Wenn sie lacht, drehen sich alle im Schankraum um und blicken der Pointe hinterher.

Ein Mädchen aus dem Dorf, erzählt sie einem Männertorso, der reglos über seinem Gedeck hängt, also ein Mädchen aus dem Dorf wollte unbedingt eine Dauerwelle haben. Die Eltern sind Bauern, ich bitte Sie, also verbieten sie es natürlich. Das Mädchen, Nicole getauft – denn heute heißen selbst im Gebirge die Mädchen nicht mehr Vroni – ist fünfzehn, was soll man von den Eltern erwarten? Sie läßt aber nicht locker und zieht die alte Tante ins Vertrauen. Die aber weigert sich, »für so einen Quatsch« Geld auszugeben.

Das Mädchen geht also, wirft einen Koffer ins Wasser außerhalb des Dorfes und schickt eine Freundin zur Tante, während der Koffer stromabwärts treibt. Die Freundin kommt bei der Alten atemlos an, gerade rechtzeitig, um ihr den vorbeischwimmenden Koffer zu zeigen: »Die Nicole ist ins Wasser gegangen, weil sie sich die Dauerwelle nicht machen durfte! Gib mir schnell das Geld, wenn ich ans Ufer gehe und mit den Scheinen wedle, kommt sie vielleicht wieder raus.«

Außer sich vor Angst, rückt die Alte das Geld raus, Nicole macht sich die Dauerwelle und kriegt zwar Kloppe, als sie nach Hause zurückkehrt, sieht aber wenigstens mondän dabei aus.

»Da oben ist sie aufgewachsen«, sagt die Zapferin und zeigt durch das Fenster auf einen nicht so fernen Hochgebirgshügel. Man kann ein paar rote Dächer erkennen, einen Kirchturm. »Mit sieben Brüdern aufgewachsen, das ist auch nicht leicht. Wir wussten sofort, die ist was Besonderes. Die ging zum Fluß, stellte sich ins Wasser, breitbeinig, und fing die Fische mit bloßen Händen!

Am schlimmsten aber hat sie es getrieben, als einmal der Pfarrer am Sonntag in einen Nachbarort gegangen ist. Der predigt sonntags in drei verschiedenen Dörfern. Also klettert unsere Nicole innen den Kirchturm herauf, immer höher, bis sie einen Knopf findet. Den hat sie so aus Spaß mal gedrückt. Aber der war dazu da, die Glocken zu läuten, da hat sie sich natürlich furchtbar erschrocken und ist gleich wieder runtergekommen und nach Hause gelaufen. Inzwischen hat das Gebimmel nicht aufgehört, der Pfarrer war ja weg. Nach einer Stunde sind die ersten Leute auf die Straße gekommen und haben auf den Knien gebetet, weil sie dachten, der Dritte Weltkrieg ist ausgebrochen. So sind die Leute hier.«

Im Haus der Kunst in München. Museumsbesucher über einen Raum verteilt, disparat, wie in einem Sterbezimmer. Geneigten Kopfes, mit auf dem Rücken gefalteten Händen oder in die Hosentasche eingehakten Daumen, ins Hohlkreuz geworfenem Oberkörper, zusammengezogenen Brauen, schlafwandelnd, aber dabei ganz bewußt, zirkulieren sie zwischen den Exponaten. Wir reden von

Gegenwartskunst. Da nennt man ein Werk nicht ein Werk, sondern entweder eine »Arbeit« oder eine »wichtige Arbeit«.

Aber eigentlich lassen sich längst beide Thesen gleich gut vertreten: Es gibt nichts Wichtiges in der Kunst und es gibt nichts Wichtigeres als die Kunst. Eine Ausstellung jedenfalls besteht aus einer spezifischen Menge Publikum, die, angezogen von einem bestimmten Versprechen, aufgespalten in Gruppen und Einzelne, eine bestimmte Haltung zu Gegenständen einnimmt, die man für Kunst hält, zu solcher erklärt oder in denen man sie vermutet.

Das eigentliche Kunstwerk – er weiß es nur nicht – ist aber der Mensch in seinem Verhalten zum Objekt, das er für ein Kunstwerk hält. Immerhin hat er in Jahrhunderten kulturhistorischer Vorbereitung eine eigene Attitüde dafür entwickelt, eine Haltung angenommen und übersetzt so Angelesenes, Erarbeitetes, Brocken aus Werbung, aus Fernsehberichten und Zeitungstexten in die Pantomime des Kunstsinnigen, Kontemplativen.

Kunst wirkt? Ja, auf diese Weise.

Das Nachleben des Werkes beginnt erst mit dem Tod des Publikums, wenn nichts mehr da ist, das sich zu einem Objekt in Beziehung setzt. In dieser Vorstellung der Einsamkeit der Kunstwerke, als Hinterlassenschaften – besteht ihre Wirkung. Denn eigentlich ist das Optische doch das Uninteressanteste an der Kunst.

»Kunst«, doziert ein angejahrter Jüngling, vielleicht der Tutor eines Leistungskurses oder ein Privatier mit Sachkenntnis, »Kunst ist ein vereitelter Kommunikationsversuch. Wäre er nicht vereitelt, wäre er Journalismus, Pop, Massenkultur.«

Seine Hörer nicken mit den Augen. Drei gehen abseits, wie um die These am Objekt zu überprüfen.

»Deshalb ist die Stelle, an der im Kunstwerk die Kommunikation abbricht, die eigentlich künstlerische.«

Die drei kreiseln aus dem Saal zur Gruppe zurück. Da die Werke nicht zu mir sprechen, finde ich auch die Stelle nicht, an der ihre Kommunikation abbricht.

»Das Absurde der ästhetischen Anstrengung«, erklärt der Tutor, »besteht darin, dass das, was nicht verstanden werden kann, kommuniziert werden soll.«

Farbauftrag, Material, Abnutzung, Textur, die Kategorie der Zeit, der Verschleiß, vielleicht handelt es sich ja um inexpressive Kunst – ein Widerspruch in sich? Das sind so Fragen wie: Wäre Raffael auch ohne Hände der größte Maler gewesen? Ist die Ratte, die eine geweihte Hostie frißt, nun auch selbst geweiht? Oder: Wie viele Federn passen in den Flügel eines Engels? Scholastische Fragen der Kunst- und Geisteskirche, sinnlose, schöne sinnlose Fragen? Spitzfindigkeiten. Doch bestimmt trägt jeder hier in seinem Inneren so ein inexpressives Werk mit sich. Oder den Abfall eines solchen Werkes. Wahrscheinlich werden im selben Augenblick alle zu Künstlern. Die Metamorphose ist Jetzt! Man sieht nichts, das Streulicht hat nicht einmal seine Farbe gewechselt. Je einfacher die Produktion, desto künstlerischer wird der Betrachter.

Dann die zischende Stimme einer kunstsinnigen Mittvierzigerin zu ihrer Nachbarin. Man steht vor ein Farbsteppe in Taubenblau: »Also, des Buidl, des muß i net hoam.«

Ein schmuddeliges Antiquariat in München. Stapel Heftchen, FKK-Periodika, »Sonnenfreunde«, pornographische Buchclub-Literatur mit Kunstleder-Einbänden, nummerierte Edition, für Jugendliche ungeeignet. Der Verkäufer zum Kunden, einem fadenscheinigen Bürokraten:

»Ja, sehen Sie sich nur alles richtig an.«

»Danke.«

»Nicht, daß wieder Klagen kommen, hinterher.«

»Was für Klagen? Was sollen denn das für Klagen gewesen sein?«

»Na, voriges Mal«, der Händler redet jetzt zu einem Kunden, der sich abgewandt in die Regale drückt, »voriges Mal, da kam er nämlich wieder her und hatte was zu beanstanden.«

»Was denn zu beanstanden?«, der Kunde empört sich, der andere dreht sich nicht einmal um.

»Ja, da war nämlich eine Abbildung nicht mehr drin, die ihn interessierte.«

»Was denn für eine Abbildung?«

»Eine ganz bestimmte Abbildung, für die er sich sehr interessierte …«

»Wenn sie fehlt«, sagt der Beamte jetzt lauter, »kann ich das ja wohl feststellen. Das heißt ja noch lange nicht, daß sie mich interessierte.«

»Ach nein?«, höhnt der Händler unverhohlen. »Ich hatte schon den Eindruck, an dieser Abbildung waren Sie sehr stark interessiert.«

Der Kunde schüttelt indigniert den Kopf, sucht das Weite. Der Händler übertrifft ihn, noch indignierter, der Kunde ist schon fast im Freien: »Sehr sogar! Sehr sogar!«

Wer es sich leicht machen will mit der Welt, sagt einfach: Sie besitzt Längen- und Breitengrade, ein Klima, eine Zeit, ein Licht, ein Alter, eine Verweil- und eine Lebensdauer. Dazu kommen Materialermüdung und der Befall durch Menschen. Auf einer Weltkarte können Sie jetzt vor Deutschland treten: Sie sind hier! Ein paar Zentimeter weiter und schon sind Sie am Münchener Flughafen.

Auf bloße Annäherung hin fahren die Türen zur Seite, die Lautsprecherstimmen sprechen wie auf Flanell, in ihren urbanen Uniformen erwarten Geschäftsleute ihre Geschäfte und mondäne Hostessen verfolgen Hostessen-Interessen. Heimat! Das Gesicht eines Weltreisenden spricht so. Man kann sehen, wer nach Monaten in der Zweiten, Dritten, Vierten Welt hier wieder ankommt. Vaterland der Verbraucher, vom Laufband angenommen, rollt er der Wiederbegegnung mit Deutschland entgegen. Nur der Zoll noch mit seiner Bademeisterarchitektur, dann heißt es wirklich: »You enter Germany«, und es ist allesalles da.

Vor allem die Erinnerung an die vielleicht zu Recht vergessene Welt. Der Rucksack-Reisende kommt nach drei Jahren in der Ferne nach Deutschland zurück. Er muss sich zur Beruhigung seiner Nerven erst einmal setzen: So lebt ihr also, sagt sein Blick, noch bevor es sein Mund sagt. Ich sehe ihm zu. Nicht die Müdigkeit fällt in seinem Gesicht als Erstes auf, sondern die Vitalverstimmung.

Ich erinnere mich: Als ich selbst vor Jahren zurückkehrte, nahm ich als frischeste Erinnerung eine Szene aus einem Restaurant in Yogyakarta mit. Die handelnden Personen. Deutsche Touristen nach einem anstrengenden Tag beim Abendessen. Die Kinder sehen von der Straße aus zu, aufgereiht vor der offenen Tür und an der großen Fensterfläche. Kaum wendet sich der Kellner, um die Rechnung zu holen, springen ein paar Sechsjährige an den abgegessenen Tisch und raffen die Speisereste zusammen, eine Frucht, ein Stück Brot, ein Hühnergerippe. Der Kellner will es verhindern, doch die Deutschen wehren begütigend ab: Mit dem ausgestreckten Zeigefinger wählen sie sich von der Straße drei Kinder aus und rufen sie an den Tisch, die Kleinen gehorchen und sacken ein. Die Fütterung vollzieht sich diszipliniert.

Die Touristen am Tisch beweisen einen guten Blick, sie wählen nacheinander einen Jungen von überzeugender Elendsausstrahlung, ein rührendes Mädchen, einen Spaßmacher, den seine Situation nicht kleingekriegt hat. Für den aggressiven Halbwüchsigen mit den unaufrichtigen Zügen, den Debilen gilt: Wir müssen leider draußen bleiben. Ihr Temperament, ihr Gesicht haben sie um ihren Anspruch auf Abfälle gebracht.

Das Elend des Auslands ist Teil seiner Folklore und unterliegt den marktwirtschaftlichen Kategorien von Angebot und Nachfrage. Die Deutschen etablieren in ihrer Erholung gerne die Grundsätze eines Wettbewerbs, den sie bereits durch ihre Gegenwart gewonnen haben. Die Heimat, die sie an den Schuhen mit sich bringen, ist die Konkurrenz, die Bereitschaft, nicht primär zu organisieren, sondern Klassen zu bilden, Klassen zwischen denen, die Anspruch auf ihr karitatives Pathos haben, und solchen, für die das nicht gilt. Diese Klassifikation, eine Übersetzung realer Vielfalt in rivalisierende Gruppen, dieses Messen und Taxieren durch das Kapital, hinterläßt Spuren und verhindert nicht nur, dass der Tourist die Wirklichkeit, die er zu bestaunen anreist, je wahrnehmen, sondern auch, dass er Wert und Preis unterscheiden wird.

Das Vexierbild dieses Typus eines Touristen, das sind jene Exilanten, die im Ausland nicht so sehr den Gewinn neuer Zugehörigkeit suchen, sondern eine Art Steigerung durch dauernde Unzugehörigkeit. In einer Londoner U-Bahn, morgens vor sieben Uhr, bittet ein Deutscher, noch halb betrunken nach einer langen Nacht, um Gehör bei den umsitzenden Fremden: Er ist gerade Zeuge eines Unfalls geworden und muss das loswerden. Eine junge Frau

… vom Auto angefahren … die Schädelwunde so, daß man das Hirn sehen konnte … dabei ging sie über den Zebrastreifen … In ihren Papieren stand »1962 geboren« … »in Bamako, Mali« … Erst im letzten Satz erfahren die Umstehenden, daß die verletzte Frau eine Schwarze war. Der Mann ist erregt, nicht nüchtern, aber ohne es zu wissen, teilt er mit: Der lange Weg, den er in seinem Leben durch die Fremde zurückgelegt hat, führte ihn bis auf den Punkt, auf dem er an einer Schwarzen offenbar zuletzt bemerkt, daß sie schwarz ist.

Was für ein Weg?

Diese Exilierten streifen ihre Herkunft nicht ab, aber sie bilden auch keine Nation, sondern Monaden innerhalb einer Gemeinschaft von Flüchtlingen, Asylanten, Dissidenten, Entkommenen. Alle fremd, alle gezeichnet von Verlusten, bilden sie eine dritte Nation, werden zu Patrioten des Auslands, einer Gemeinschaft, die nicht durch Embleme und Territorien repräsentiert wird, sondern durch die gemeinsame Erfahrung der Fremde, des geteilten Identifikationsverlusts. Wenn sie sich zusammenschließen, dann zu Gruppen, in denen das Nationale allenfalls negativ erhalten ist, als Phantomschmerz, als Abstand und Widerwillen, aus Gegenwart und Geschichte eines geographischen Fleckens eine Identität zu beziehen.

Deshalb diese empfindliche, auch ungerechte Verachtung für ihr Zuhause, die Idiosynkrasie gegen Landsleute, gegen den Imperialismus der Sprache, das Inbesitznehmen des Luftraums. Deshalb die vorauseilende Entwertung alles dessen, was sie zurückgelassen haben. In diesem Verhalten ist so viel verschmähte Liebe wie Überhebung in der eigenen Tapferkeit. Es ist ein Verhalten, das Kinder gegen Eltern entwickeln, und doch fühlen Exilanten ihr Land stärker als die Daheimgebliebenen, fällt doch jede Gemeinheit »ihres« Landes unmittelbar auf sie zurück.

In der ständigen Konfrontation mit den Fremden baden sie aus, was »zu Hause« geschieht. Man zwingt ihnen die Adoption der politischen Repräsentaten ihres Landes auf, zieht sie, die Exilierten, zur Rechenschaft, nötigt ihnen die Triumphe ihrer Heimat auf. Über sie wird Deutschland als ein Zwang verhängt, selbst wenn dieses Deutschland insgeheim der Grund für ihre Anhänglichkeit an die Fremde sein sollte, eine Anhänglichkeit, die die Wahrnehmung prägt. Jetzt ist die Erfahrung nicht mehr überformt vom Privileg der Herkunft, sondern durchdrungen von jener spontanen Teilhabe und Auslieferung, in der Klassen und Repräsentanzen verschwinden, der nationale Wettbewerb ausgelöscht ist und eine Kommunikation mit eigenem Charakter beginnt.

Der Tourist, der mit dem Finger die Armen auswählt, die auf seinen Abfall Anspruch haben, und der Exilant, der eine Schwarze als Schwarze nicht nur nicht beschreibt, sondern sie nicht einmal so erfährt, sie bilden Extreme in der Aneignung oder Abstoßung des Fremden. Der eine regiert durch Ausschluß und läßt sich selbst so regieren, der andere ist weder repräsentativ noch repräsentierbar.

Der Rucksackreisende sitzt immer noch da, neben seinem vertrauten Gepäck. Sein Gesicht hält er in beiden Händen, der Blick geht geradeaus, und ich versuche, mit seinen Augen zu sehen: In einer einzigen Ankunftslobby liegt genug Ware, um jahrelang in Saus und Braus zu leben, die Düfte schmecken, die Klänge haben einen Körper, die Beleuchtung faßt dich an, die Temperatur hebt dich empor.

Der Eintritt in die Ankunftshalle ist wie der Einzug in die Utopie der so genannten »Dritten Welt« oder »Schwellenländer«, die wir gelernt haben, zumindest sprachlich korrekt behandeln. Von dieser Welt wird dort geträumt. So, glauben Menschen, die im Mangel leben, müsste ein gutes Leben ausstaffiert sein, und wir passieren durch eine automatische Tür den Eingang in den Vorstellungsbereich jener Ideale, die am anderen Ende der Welt aus Stücken der Werbung, des kommerziellen Films, aus den Repräsentationsbildern der Politik zusammengeflickt werden. Es ist die trivialisierte, gereinigte Fassung der Illusionen aus Katastrophengebieten. Da bedeutet eine vollautomatische Tür nicht nur Komfort, sondern sie gilt gleich noch als Indiz für den Status quo der medizinischen Versorgung, der Sicherheit – in Statussymbolen verehrt man die Embleme der Volksfürsorge.

Mit dem Eintritt in die westliche Welt bewegt sich der Reisende plötzlich mitten im siebten Himmel, aber der wirkt doch real nur, wo er fehlt und vom Mangel herbeihalluziniert wird. Hier im Westen dagegen zieht sich die Wirklichkeit unter allem Komfort gleich ins Unfühlbare zurück. Der Himmel hängt voller Geigen, und die sind ganz auf Dur gestimmt. Der Sessel, in dem man versinkt, atmet, seine Textur ist freundlich, der Rumpf wird von unten umfasst. Auch die Luft ist ganz Novalis, voller Düfte, die aus den Schächten wabern, in den Vitrinen funkeln die Exponate und die von hinten, nein, von innen illuminierten, luziden Frauenkörper der Parfümreklamen sättigen die Auslagen, die Körper aufgefaßt als ein Zusammenklang vollkommener Beinabschnitte, beflaumter Parzellen, aufgeworfener Riesenmünder, von Lip-Gloss feucht. Sie lassen sich nur umarmen wie ein Kubikmeter Schaumstoff, aber man will sie gar nicht greifen, man will sie tranchieren. Irreal wie sie sind, könnte nur Zerstörung ihnen Wirklichkeit beibringen.

In so viel Schönheit schläft der Amok, das Land ist randvoll mit solcher Schönheit, und manchmal ist diese, wie bei den Friseur-Modellen in den Auslagen, ganz abstrakt geworden. Oft ist so ein Gesicht eigentlich kein Gesicht, sondern eine Ansammlung von Schönheits-Merkmalen. Eigentlich sieht man ein Kompositum wie die antike Hydra, den Greif oder Zentaur: eine Hyäne mit Locken, ein Reptil mit kokettem Augenaufschlag, ein Lurch mit Titten. Man erkennt noch: Schönheit ist gemeint, nur erfahren können wir sie nicht. Doch so sind sie eben, die Schönheiten, die aus der Vervielfältigung kommen und in die Vervielfältigung wieder streben. Und alle, die arm und sentimental sind, können nicht einmal einen Kartenkönig ansehen, ohne die Utopie eines besseren Lebens mit ihm zu verbinden.

Die Bedeutung all dieser Bequemlichkeit auf diesem Fleck der Erde ist Sex, Sex mit der Luft, mit dem Sessel, Augenweide und Ohrenschmaus, alles soll Körper haben und Aura und eine Erscheinung sein und Begierde auslösen. Es ist, zumindest in dieser Halle, eine gleich gestimmte Außenwelt, bequem und salzlos und in aller Sinnlichkeit gespenstisch unsinnlich. Aber wenn man ihn so verarbeitet, so eigentlich körperlos unter indifferenten Augen, dann ist der Sex mit einem Mal der Inbegriff des Abwesenden, das Idol ausgebliebener Begegnungen: »Vivaldi – Peeling – Neuer Duft«.

Also entfaltet sich für den Reisenden in der ersten Berührung mit dem Heimatland vor allem die Groteske des Wohlstands. Hier ist er zu Hause, sein Patriotismus schließt den Reichtum ein. Das macht sich bemerkbar, das wird zur Mentalität. Wie hat der indonesische Freund beim Abschied in Djakarta ehemals gefragt: »Was ist der Unterschied zwischen einem deutschen Touristen und einem deutschen Terroristen?« Und die Antwort lautete: »Der Terrorist hat Sympathisanten.«

Doch dann hinaus aus der Welt der Komparative, auf die Straße, um die Absenzen hinter sich zu lassen, und während die Repräsentationsarchitektur der Ankunftshalle verblaßt und das läppische Talmi der Überflußgüter und ihre ganze Verdrängung der Realität versinkt, kehren gewisse, beiläufige Elemente in der Landschaft wie etwas Wirkliches zurück: die aus dem Container quellende Glaswolle, ein gekippter Hydrant, etwas Dysfunktionales, der Verfall im Verzug. Solche dem Stilwillen der Ordnung entkommenen Elemente wirken plötzlich, als hätten sie sich aus der Monotonie der Konsumlandschaft emanzipiert und seien bewußt. Seit der Wohlstand ein vaterländischer Begriff ist und das Elend behandelt wird wie ein Verfassungsgegner, löst der Verfall symbolische Genugtuung aus über die nicht-unterworfene Wirklichkeit und das heißt ja auch über die nicht-verdrängbare Gegenwart.

Als ich selbst nach Jahren im Ausland Deutschland wieder betrat, hatte ich lange Zeit das Gefühl, nicht mehr richtig auf der Welt sein. Unstimuliert und unbedroht, eingeschlossen wie in einem Reservat, wurde die Beruhigung dumpf, die Perfektion tyrannisch. Der Weg durch die Stadt war wie eine Wanderung durch eine Zone ohne Präsenz, ohne Appetit, und irgendwie stand die Architektur nur so da, als warte sie auf ihr Innenleben. Womit sollte man sich identifizieren? Mit der Indifferenz, mit der Ferne des Ernstfalls, mit dem Verdrängten?

Das also sollte Deutschland sein, ein leidenschaftlich-pathetischer Aufschwung für viele, ein moralisches Massiv, das manchen Tränen in die Augen treibt? An welcher Stelle sollte man stehen, um die Leistungen und Wirkungen dieses Landes, seinen Bau und seine Struktur emphatisch zu begrüßen, ist es doch viel leichter und deutscher, dies Land ex negativo zu bestimmen: aus dem, was fehlt, was ausgeschlossen und zum Verschwinden gebracht ist. Und wäre dies Land für seine Einwohner nicht von der Bewunderung für die eigene Herkunft vergoldet, gäbe es irgendetwas, das an ihm auffälliger wäre als die Praxis seines Verwaltens und Verbrauchens?

»Die Überschätzung der Frage, wo man sich befindet«, schreibt Musil, »stammt aus der Hordenzeit, wo man sich die Futterplätze merken mußte.« Gut, dann weichen Heimatgefühle und nationale Identität einem Welt-Patriotismus des organisierten Konsums, einer Internationale des privilegierten Endverbrauchers. Ich erinnere mich, daß ich damals, ähnlich ratlos wie der Heimkehrer an meiner Seite, in einem Flughafenhotel in Düsseldorf abstieg, den Fernseher anschaltete. Das Erste, was ich sah, war eine propere Mittvierzigerin, der erste Satz, den sie sagte: »Gebißreiniger? Gott ja, ich habe viele ausprobiert …«

Mitten in diesem Satz war ich angekommen.

Jetzt sitzen wir uns schon eineinhalb Stunden zu zweit, über die Diagonale im Abteil verteilt, gegenüber und fahren schweigend durch Landschaften, die auf die Ankunft der Sprengmeister warten. Der Mann lernt mit blauen Karteikarten Vokabeln. Bewegt die Lippen. Sucht ein Wort im Lexikon, schreibt es auf, konjugiert es auf dem Papier. Zwischendurch ißt er, ohne hinzusehen, von einem Pappteller ein halbes Salamibrötchen. Die Wurst lässt seinen Mund glänzen wie von zu üppig aufgetragenem Fettstift. Sein blondierter Stufenschnitt, die Solariums-Routine legen einen Dienstleistungsberuf mit Öffentlichkeitswirkung nahe.

»Welche Sprache lernen Sie da?«, frage ich, als sich unsere Blicke einmal kurz getroffen haben.

»Türkisch für Anfänger.«

»Sind Sie Reiseleiter?«

»Porno-Darsteller.«

»Ein guter?«

»Geht so.«

Woran könnte es hapern? Libido, Ausdauer, Stehver-
mögen, das Mimische? Ich tippe:

»Sie mögen die Spielszenen nicht?«

»Geht so.«

»Ich finde die Liebesszenen im großen Kino interessan-
ter, wenn schlechte Schauspieler sie spielen. Da weiß man,
die sehen bei der Liebe auch in Wirklichkeit so aus. Oder
glauben Sie, man kann einen Orgasmus anders spielen, als
man ihn in Wirklichkeit erlebt?«

»Ich sicher nicht.«

Ich versuche, mir sein Gesicht dabei vorzustellen. Ver-
spannt. Sportlich. Es wäre so erleichternd, könnte man
über dieses Thema reden wie über jede andere Arbeit.
Aber das Sprechen darüber langweilt ihn offenbar noch
stärker als die Sache selbst.

»Brauchen Sie Türkisch für Ihren Beruf?«

»Nein, privat. Damit ich in die ganze Chose mal rein-
komme.«

Pornodarsteller. Die ganze Chose. Ist der so ein
Mensch, der auf die Frage »Wie geht's?« mit »Beim letzten
Mal ging's noch« antwortet?

»Eigentlich bin ich da so reingerutscht.«

»Wie reingerutscht?«

»Eigentlich aus Enttäuschung.«

»Über was?«

»Menschen.«

»Alle?«

»Irgendwie ja.«

Zu sentimental für einen Pornodarsteller.

»Es ist doch alles nichts. Vor einzwei Jahren habe ich mich so umgekuckt und gemerkt, so richtig gefühlt hab ich schon lange nichts mehr. Da bin ich halt Pornodarsteller geworden.«

»Und? Hilft es?«

»Immerhin hat man Ansprache … und was meinen Sie, wie gut mir der Sex manchmal tut, das Gefühl allein …«

Wir kommen nicht weiter. Ich angele mir die Zeitung, lese den erstbesten Satz: »Die beiden Top Teams der argentinischen Liga sind nach vier Runden noch ungeschlagen«, sehe aus dem Fenster. Mein Gegenüber schreibt mit gespitztem Bleistift auf seine blauen Karteikarten. In der Zeitung steht jetzt: »Das Cortez-Meer ist der nördlichste Brutplatz der Blaufußtölpel.«

»Entschuldigen Sie«, unterbreche ich noch einmal. »Gibt es Liebe im Pornofilm?«

Er beginnt seine Antwort im Weiterschreiben, blickt dann auf:

»Wenn es aussehen soll wie Liebe, darf es normalerweise keine Liebe sein. Aber manchmal ist ein Kuß auch einfach ein Kuß, das können Sie mir glauben.«

Das Thema macht uns beide nicht glücklich. Als er eine halbe Stunde später das Abteil verläßt, lächelt er dünn. Unter seinem Sitz ist eine Karteikarte liegen geblieben, auf ihr steht mit sehr spitzem Bleistift geschrieben: Ich schlage – Dövmek, du schlägst – Sen Dörersin, wir schlagen – Biz Döveriz, sie schlagen – Sis Döversiniz …

In seinem Leben hat der Mensch viele Aussichten: Mit »schöne Aussichten« meint er seine Zukunft, mit »freundliche Aussichten« die Börse, mit »rosige Aussichten« seine Illusionen. Wenn all das nicht mehr ist, sehe ich schwarz.

Doch ein einziges Mal kommen die Aussichten auch im Singular vor: Bellevue, Buonavista, die schöne Aussicht. Auch die ist erhaben. Deshalb werden Gaststätten nach ihr benannt, mit Blick auf die Küste, die Bergkette, den Turm, und der Besucher verlangsamt, hält inne und ernährt sich am Blick. Die Aussicht sagt ihm, daß er die richtige Höhe, den richtigen Einfallswinkel gefunden hat, und daß der große Auslagen-Arrangeur der Natur seine Hand eben erst aus der Dekoration gezogen hat. Sein Atem geht noch darüber. Eine Aussicht ist immer dann schön, wenn der Betrachter vor ihr klein wird. Sie ist erhaben, er eine Bagatelle.

Die eigentliche Magie des Augenblicks aber ereignet sich im Zusammenfluß der Aussichten mit der Aussicht: wenn wir den schönen Blick in die Landschaft genießen als symbolische Aussicht in die Zukunft und selbstvergessen werden. Dann machen wir ein Foto. Die Aussicht ist drauf, die Zukunft nie.

Das wahre Ziel des Reisenden im Gebirge, auf Felsen, Klippen oder Anhöhen, der eigentliche Fluchtpunkt aller seiner Anstrengungen, aufzusteigen und voranzustreben, seine »final frontier«, das ist nicht die Aussicht, sondern das Geländer über dem Abgrund, mit Blick auf die Aussicht.

Geländer werden errichtet, damit sich die Ausflügler in ihren bunt gemusterten Kleidern nicht in die Tiefe stürzen, Handtasche und Fernglas voran. Die Tiefe löst im Sommerfrischler nämlich – gerade nachdem er lange aufgestiegen ist – eine solche Sehnsucht aus, dass er von seinem eigenen Grab mit Stangen, Latten und Ziegeln förmlich zurückgehalten werden muß, ja, sein ganzes Verhalten in der Höhe hat weniger mit der Landschaft als mit diesen dunklen Verlockungen zu tun, oft dem einzig Dunklen in einem Ausflüglerleben.

Eben deshalb läßt er sich in luftiger Höhe gern am Geländer fotografieren, im Augenblick einer imperatorischen Hoheit über den landschaftlichen Prospekt nicht nur, sondern auch in der Pose der Selbstbeherrschung. Gern legt er deshalb nur eine einzige Hand auf die Brüstung wie im spielerischen Umgang mit der Tiefe. Das gibt der Pose zugleich eine selbstbewußte Lässigkeit, die das Triumphale des Augenblicks sublimiert.

»Am Geländer reifen / Pfirsiche mit Streifen …« Nichts da! Dem Volkslied schwant nicht, was da am Geländer wirklich reift: Thanatos im Moment seiner Verewigung durch die Fotografie. Der Mensch am Geländer wird Denkmal, sein Horizont öffnet sich endlich in die Weite. Auch die bildenden Künstler, vor allem Maler mit geringem Talent, haben solche Szenerien bevorzugt, weil diesen der schwierige Mittelgrund fehlt, die Zone, in der man die Proportionen beherrschen muß. Für den Stümper ist das Geländer der Mittelgrund.

Und man bedenke, Restif de la Bretonne, galanter Autor des 18. Jahrhunderts und Erfinder des Schuhschnüffelns, gab zu, seine erotischen Romane nur zu schreiben, um jene Sensation wieder zu erwecken, die er empfinde, wenn er seine Hoden am Seine-Geländer entlang reiben lasse. 194 Romane hat er angeblich geschrieben. »Alles Gute macht mich fruchtbar«, hat Nietzsche gesagt – und das Geländer nicht einmal erwähnt.

Sonntag morgens, noch bevor die Sonne aufgeht und wir das Licht der Welt erblicken und sehen können, daß es Licht ist, ein bestimmtes, das Licht der Welt …, sonntags morgens jedenfalls flammt in dem dämmernden Hotelzimmer der Fernseher noch heller auf, und zwischen den rotierenden Wetterkameras der Berge und der Kakophonie der Zeichentrickfilme öffnet sich die Welt der Behinderten. Sie moderieren und werden moderiert, die Taubstummen, Zappelnden, Gehörlosen, die Gebärdengedolmetschten und Sehbehinderten, denen man, was im Bilde geschieht, parallel vorliest.

Nein, wir diskriminieren keinen, das Behindertenghetto bekommt die früheste Sendezeit, und man muß sich das vorstellen: Jetzt krabbeln überall im Land die Kinder und die Krüppel aus den Federn, und eines Tages werden die Kleinen vielleicht den Zeichentrick mit den Verrenkungen der Behinderten assoziieren. Während ich mir diese krabbelnde und krauchende Migrationsbewegung der sonntäglichen Morgenstunden vorstelle, bleibe ich in der Schwenkbewegung der meteorologischen Überwachungskamera hängen, die mir die Höhenlinie der Alpen so sachlich vor Augen führt wie eine Tiefgarage.

Als ich dann die Fensterläden in diese frühe Morgenstunde hinein aufstoße, finde ich das Licht grauer als im Fernsehen. Noch ist es in die Schluchten kaum abgeflossen. Die Nacht schattiert die Hänge noch mit breitem Pinsel, und es ist wahr, die Bergkette liegt ab der Baumgrenze verhangen, über den Wipfeln lastet, was man früher als »Glast« bezeichnete. So steht, eingeschlossen in die milchige Aura seines eigenen Klimas, jeder Berg als eigene Persönlichkeit. So viel Würde müssten die Kameras mal den Kindern und den Krüppeln geben.

Irgendwo muß hier ein Blumenladen sein. Jetzt kommt der dritte Strauß in die U-Bahn, in Klarsichtfolie, lauter Rotes, dazwischen Schleierkraut, manche Blätter wurden

186

mit farbigen Kristallen eingesprüht, ein Schornsteinfeger aus Pfeifenreiniger klettert durch die Blüten. Der Strauß setzt sich, bleibt aber auf halber Strecke zwischen zwei Körpern in der Luft hängen. Er: starker Rothaariger, gute vierzig, Sie: Anfang dreißig, totenbleich, mit geröteten Lidern.

Was sie sagt, fällt in ihren Schoß, er dagegen lächelt anhaltend, wendet seinen Blick nicht von ihr, in großer Erwartung. Sie lächelt nicht, fummelt an ihren Fingern, übererregt. Schließlich er, hörbar: »Du liebst mich also nicht?« Sie, leiser: »Ich fürchte: nein.« Sein Lächeln ist weg, das Gesicht jetzt nur noch tapfer. Er sieht vor sich hin, die Stirnfalten zucken mehrmals abrupt hoch. Auch sie, deprimiert, sagt kein Wort mehr.

Er erwägt ein Gewaltverbrechen. Sie streicht ihren Rock gedankenlos platt, unerreichbar. Er versucht, indifferent auszusehen. Ein mittelmäßig gut situierter Typ in einem Trenchcoat über dem Anzug mit Büro in der Innenstadt. Lächerliche Achselklappen, zu breit, zu militärisch. Er muß die Augen schließen, versagt sich, die Hand an die Augen zu führen. Sie völlig abwesend, schläft fast.

Der Zug ändert seine Akustik, als er ins Freie kommt. Sie blickt abwärts auf ihren Unterarm, mustert von unten sein Gesicht mit plötzlich hochfliegenden Lidern. Sein Gesicht entsagend, am Bösen arbeitend, an der Revanche, der Zerstörung. Seine Augen zucken trocken. Er kämpft mit den Tränen wie ein Junge.

Ihre Gedanken sind auf Wanderschaft. Sie mustert ihn, aber länger noch die Papptafeln der Werbung. Sein verkrampft beherrschter Mund jetzt der eines Bürokraten voller Mißbilligung, schließt die Hände wie zum Gebet. Er hält es nicht aus. Sie liest immer noch die Anzeigen. Er legt den Strauß auf den Sitz und geht, sein Kopf verschwindet zwischen anderen Sträußen.

Es ist Stuttgart. Das Armband meiner Uhr reißt nicht, es löst sich einfach vom Handgelenk. Die Uhr fällt auf den Frühstückstisch. In einem kleinen, kahlen Uhrenladen, »Fachgeschäft« genannt, bedient mich der Meister im weißen Kittel. Mein Vertrauen könnte nicht größer sein.

Nach kurzer Zeit tritt ein Polizist ein und legt eine Uhr auf die gläserne Nachbar-Theke. In wenigen leisen Sätzen erklärt er der Angestellten, er wolle diese kleine goldene Damenuhr reparieren lassen. Er schiebt sie hinüber. Die sachliche Uhrenärztin mit Augen, die vom Blick in alle die Gehäuse ganz stumpf geworden sind, schaut ihm kurz in die Augen.

»Ist doch eine gute Uhr?«, fragt der Polizist.

»Ja«, antwortet sie, indem sie mit ein paar prüfenden Gesten das kleine Stück wendet, »das ist eine gute Uhr, jetzt schauen wir mal.«

Der Polizist: »Ich glaube, da ist das Armband ein bißchen kaputt.«

Die Frau zögernd: »Ja, das Armband ist schlecht.«

»Wie meinen Sie: schlecht? Meinen Sie: kein Gold?«

»Nein, das ist kein Gold. Das ist vergoldet.«

Ihr Blick schnellt wieder hoch zu seinen Augen: »Haben Sie gedacht, es sei Gold?«

Der Polizist zögert: »Nein, ich habe auch gedacht, es ist vergoldet.«

»Na, dann werden Sie wissen, so ein Armband ist heute nicht mehr allzu viel wert.«

»Ah so.«

»Ach«, sie untersucht mit einem feinen Schraubenzieher eine bestimmte Stelle, »das ist ja ganz schlecht. Wie sieht die denn aus! Schauen Sie mal hier.«

Sie tippt mit der Spitze des Schraubenziehers mehrmals auf eine bestimmte Stelle.

»Schauen Sie sich mal das Armband hier an: Das ist eine Unfalluhr!«

Der Polizist bewegt sich nicht. Der Meister blickt hinüber, ich blicke hinüber. Sie hat jetzt eine Lupe ins Auge geklemmt und redet weiter wie zur Uhr:

»Ja, das ist eine Unfalluhr. Furchtbar. Das sage ich Ihnen: Da ist die Hand mit kaputtgegangen, die die getragen hat.«

Der Polizist schweigt, als sei die Expertise nicht abgeschlossen.

»Die können Sie gleich wieder mitnehmen«, mischt sich der Meister ein. Er hat einen Ton, als sei er der Polizist.

Der sieht plötzlich ertappt aus, sagt etwas Abschließendes und packt die Uhr eilig mit der Faust. Zufällig fällt mein Blick auf ein Schild über der rückwärtigen Vitrine. Darauf steht in Schreibschrift: »Ein Uhrenarmband ist auch eine Visitenkarte.«

In Heilbronn ist es Zeit für eine Dichterlesung. »Lyrik«, entnehme ich der Zeitung, »ist jetzt wieder schwer im Kommen.« So zumindest klingt sie nicht, die Sprache der Lyrik. Und was ist nicht im Kommen? In meinem Leben wird vermutlich der Fransenlook noch zweimal, der Mittelscheitel noch dreimal, das Tattoo noch einmal angesagt sein. Jetzt also die Lyrik, vorgetragen in einer örtlichen Bücherei, zwischen den Regalen, mit wechselnden Akteuren und Aktricen.

Meist entwickelt sich die poetische Reizbarkeit eines

Menschen parallel zu seiner sexuellen. Der erste Dichter, den ich persönlich kennen lernte, trug mir an einem Waldrand ein Gedicht vor, in dem sich ein junger Mann mit einer jungen Frau ins Unterholz begab. Meine Aufmerksamkeit war unendlich gespannt. Je näher sie der Schonung kamen, desto mehr richtete sich meine Vorstellung auf nasse tiefe Küsse, einen hochgeschobenen Rocksaum und mindestens heavy Petting ein. Doch das dort war Lyrik. Hier verloren sich die Schatten der Liebenden im Unterholz und das Werk endete abrupt mit der Zeile: »Dunkel summt der Biber.« Die meiste selbst gemachte Poesie, die ich noch hören sollte im Leben, hatte etwas davon.

Das härteste Argument gegen Lyrik ist die Art ihres Vortrags. Lyrik fühlt sich offenbar leichter, als sie sich liest, und da Dichter meist nicht gut lesen können, ersetzen sie den Ernst durch die Attitüde des Ernstes, werden feierlich, wo sie sachlich sein müssten. Man darf aber bekanntlich die »Pathétique« nicht pathetisch spielen, und wenn man in Heilbronn zwischen den Regalen der Schriften zu Jurisprudenz und »Flora und Fauna« auftritt, ist man ja fast gezwungen, die Emotionen zu objektivieren. Denn wenn das kleine Publikum, wie an diesem Abend, nicht sehr verinnerlicht ist, dann liest der Dichter, wie an diesem Abend, vielleicht gerade die Zeile: »oh Kastanienzweig, wenn wir ertrinken, sind wir Birken«, und der Blick der Nicht-Zuhörer fällt auf einen Buchrücken mit der Aufschrift: »Was lebt in Tümpel, Bach und Weiher?«

Der erste Dichter dieses Abends las seine eigenen Texte aus einem Mängelexemplar, erkennbar am schwarzen Strich über dem Bruch, »Sonnenlicht löst mein Schulterblatt«, las er, tremolierend, ob vor Mitbewegung oder Lampenfieber, werden wir nie erfahren. Ich mußte an

Kathrin denken, wie sie mir vor der Fähre ihre Gedichte gab, während die Mutter mit dem fetten Jungen den Möwenkack von der Scheibe kratzte. Ein poetischer Augenblick, und ihre Verse waren auch aufrichtiger gewesen.

Die nächste Vortragende war eine burschikose Ponyträgerin im Jeansanzug mit starken Unterarmen.

Beim Herausgehen nickte ich der Frau an der Kasse pietätvoll zu und fühlte mich schlecht, denn es gibt wirklich nichts, aber auch gar nichts dagegen einzuwenden, dass sich Menschen in ihrer Freizeit Gedichte vorlesen, und dass es Situationen gibt, in denen die Zeit einfach steht, ist doch schon an sich lyrisch, oder nicht? Und das ist doch auch beruhigend: Am Ende ist vielleicht die Lyrik nicht lyrisch, aber die Situation, in der sie gelesen wird, in Heilbronn, heutzutage.

Heute trägt das Glück den Namen: Öko-Gericht im Speisewagen, genauer: der Sellerie-Taler von Bioland mit Möhrengemüse. So viel Gesundheit! Der Taler, das sind zwei Medaillons aus einer gebackenen Masse, die einmal eine sporadische Berührung mit einem Sellerie erfuhren. Die Möhren haben jede Verbindung zu Gottes Design gekündigt und liegen jetzt in einem Saft aus Emulgatoren, Aromen, künstlichen Farb- und Konservierungsstoffen. Und warum auch nicht, melden die Zeitungen doch gerade die künstliche Geburt der quadratischen Wassermelone: 80 Euro das Stück.

Doch wie man eine Kultur an der Entwicklung ihrer Arbeit, Sicherheit oder Hygiene erkennen kann, so ist auch der Verfall der Rohstoffe verräterisch: Trinkschokolade wird aus Aroma-Pulver, Wasser und Kondensmilch gewonnen, Sahne stammt aus der Sprühdose und wirkt wie ein Abfallprodukt der Tapetenindustrie, das Brot wäre auch zum Verfugen von Badezimmerkacheln gut geeignet, und nach dem Siegeszug der Apfelschorle kann man eigentlich alles zusammenschütten, Aromata, Milchmischgetränke, Parteiprogramme, Crossover eben.

»Auch ein Wolkenkratzer ist schön«, hat Paul Valéry in den Zwanziger Jahren notiert, »aber mit der Geschwindigkeit eines Reisezugs betrachtet.«

Achtzig Jahre später hat sich die Geschwindigkeit des Verkehrs dem Essen mitgeteilt, der Zubereitung wie dem Verkehr. Es wird egal, wie es schmeckt. Die Verlustlisten dazu führt die »Kultur«: Kein Geschmack im Essen, kein Sinn im Leben, keine Zeit, keine Zeit. Stattdessen Essen, Trinken; Körper voll, Körper leer und ein Leben, das sich darauf einstellt, unmerklich zu leben.

Die Verzweiflung hat viele Gesichter. Ist der Mensch erst einmal bei der Lektüre von Hotel-Zeitschriften angekommen, kommt Hilfe meist zu spät. Diese Magazine werden auf dem Beistelltischchen fächerförmig ausgebreitet und heißen wie die Toilettensprays, »Rendezvous«, »Sonatine« oder »Capriccio«. Aus dem Glanz der Seiten tritt das Gold glatter, großer Werbungen für Uhren und Biere. Dazwischen die Frettchen-Gesichter kunstbrauner Industrie-Witwen, die auf Benefizveranstaltungen die Schönheit ihrer Seelen vorzeigen. Beigebunden Texte über die Basare von Marrakesch, die letzten Paradiese der Galápagos Inseln oder das Wohnen in Leuchttürmen.

Ich blättere, auf dem Kunstfasermeer meines Bettüberzugs liegend – auf gedruckten Pfingstrosen, Ranken, getuschten Wicken, über die der Widerschein des stummen Fernsehbildes flackert: ein Fisch im Flußlauf.

»Die Bachforelle«, sagt die Kommentatorenstimme, »täuscht den Orgasmus nur vor.«

Ich sehe ihr nach, der Launischen, wie sie in den Stromschnellen verschwindet. »Liebe« gehört zu den zwölf häufigsten Wortfamilien. Unter tausend Worten, die wir sprechen, geht zumindest eins auf Liebe zurück. Warum nicht auch »Bachforelle«, »vortäuschen« oder »Orgasmus«?

Nebenan flammt das Licht auf. Ein Teil des Nachbarzimmers liegt im rechten Winkel. Ein Stück Schrank, Bett, Teppichboden ist durch die Gardine sichtbar. Auf das Bett fliegen zwei Mäntel. Jetzt sitzt die Frau auf der Bettkante, fällt wie in Zeitlupe hintenüber. Bleibt liegen. Richtet sich langsam wieder auf. Legt, immer noch mit dem Rücken zum Fenster, die Schuhe ab. Beim Vornüberbücken löst sich hinten die Bluse aus dem Rockbund. Eine Hand tastet über die Tagesdecke. Die Frau steht jetzt ganz auf. Verlangsamt, dabei mit einem Schießgummi die Haare zusammenbindend. Ihre Strümpfe rollt sie unbeholfen im Stehen abwärts. Neben meinem Fenster reitet eine ölgemalte Nackte auf einer Eieruhr. Manchmal ist der Mythos des Abendlands weniger beeindruckend als der Mythos der Frauenbeine.

Sie legt ihren Mantel über die Stuhllehne, bleibt stehen, von dem Mann an der Schulter berührt. Ein durchschnittlicher Kuß verbraucht vier Kalorien. Er gibt ihr einen solchen Kuß. Sie taucht in seinen Blick, geht aus dem Bild. Seine Augen folgen ihr stumpf. Dann erhebt er sich, um die Vorhänge zu schließen.

Im Fernsehen geht es jetzt um die Familie der Klein- und Kerbtiere, der kleinen Nager, dann des Rotwilds. Doch ich erwache nicht vom Brüllen des Damhirschs, sondern von etwas Leiserem, einem Winseln und Röcheln, gefolgt von Lachschluchzern, kehlhaftem Grummeln, übergehend in einen Sinuston. Das ist schön, das muß die Liebe sein.

Das ist archaisch, das ist etwas Anderes als die Liebe. Unweigerlich wird man von diesem Zetern und Wehklagen angezogen, zwingender als von jeder Musik, dieses eine Geräusch überträgt sich wie durch Ansteckung und dann ist man ernst und lauscht, bis die ganze Notschlachtung über die Bühne ist.

Wer liegt oben? Wer spendet? Wer duldet? Jetzt feuern sie sich mit gepreßten Stimmen an, kommentieren. Das Träge in den Bewegungen der Frau war also nicht Müdigkeit, sondern Erwartung, das Stumpfe in den Augen des Mannes nicht Gewohnheit, sondern Begattungshunger! Sein »Ja« kommt jetzt mit der Regelmäßigkeit des Metronoms. Was sie unter Japsen und Klagen so sagt, ist nicht zu verstehen. Nur einmal höre ich sie ganz deutlich sagen: »Fick mich, Ninja!« Dann ein Schrei, eine gutturale Aggression, dann drehen sie die Musik auf, werden leiser, schaukeln sich noch einmal hoch.

Das geht mindestens zehn Minuten so weiter. Also schalte ich den Fernseher wieder an, suche etwas Reales, etwas Außenwelt. Und dann, plötzlich, etwas noch Pakkenderes: völliges Schweigen im Nebenzimmer, aber auf meinem eigenen Fernsehschirm eine kleine Blonde, rücklings auf ein Sofa hingestreckt, über ihr ein maskierter Krieger, dem sie ihr Schnütchen entziehen will. Hammondorgel, ein Schlagzeug-Beat aus dem Computer. Dabei rührt der Ninja mit seinem blaurot aus dem schwarzen Kittel springenden Ninja-Geschlecht längst in ihrem Becken. In ihrem Wehklagen wirft sie den Kopf nach rechts, nach links, blinzelt aus dem Bild heraus und ist gleich wieder furchtbar erregt. Der Film heißt »Unter aller Sau«.

Am nächsten Morgen hallen die Stimmen der beiden aus dem nachbarlichen Bad, sachlich, berichtend. Offenbar kommentieren sie eine Liebesgeschichte Dritter. Der einzige Satz, der komplett hörbar ist, lautet: «Ich glaub, Julia ist total in Abwartestimmung.»

Im Frühstücksraum wirkt der Mann drahtig gegen seine wattierte Begleiterin. Vielleicht ist ihr Verhältnis aus einer Versuchsanordnung entsprungen und in der Routine gelandet. So, als hätte Gott gesagt: Hier hast du neunzig Kilogramm Fleisch, hier hast du die Liebe. Jetzt sieh zu, wie du sie in Verbindung zueinander bringst.

Sie bringt ihm zwei Eier ohne Becher. Er verzieht seinen Mund zu einem Lächeln, das wohl seit Jahren niemanden mehr bezaubert hat.

Als ich zum Auschecken an die Rezeption komme, hat sich der Blick des Gastes über der Rechnung verfinstert. »Verzeihen Sie«, höre ich den Kassierer höflich sagen, »aber Sie haben Ihr Einzelzimmer als Doppelzimmer genutzt!«

Im Hintergrund geht die Geliebte in einem Kunstfell gravitätisch auf und ab.

Ich komme zurück in das System der Fußgängerzonen, die das Ruhrgebiet wie eine Kanalisation verbinden. Überall halbe Ereignisse, fragmentarische Begegnungen, »We are like passing ships in the night«, verabschiedete sich mal ein Straßenarbeiter in einer Nacht in Dublin von mir. So redet man hier nicht.

Nach einem Tag des Laufens bis zur Fuß-Erschöpfung ist mein stärkster Eindruck: Eine Kassiererin mit schneeweißen Händen, ihre Finger, spitz, arbeiten wie Pinzetten, ein Mann mit enormem Buckel und einer viel zu kleinen Unterhose in der Hand tritt an die Kasse:

»Ist das in etwa meine Größe?«

Ist es in etwa nicht. Die zwei Hausfrauen hinter ihm

tauschen sich rasch aus. Dann passen sie ihm eine Hose in der Größe seines Buckels an.

Zwei nackte Knie kommen eine Rolltreppe hinuntergefahren.

Im Park näht sich ein Junkie mit Nadel und Faden ein Schweiz-Abzeichen auf seine Windjacke, er wohnt jetzt in Köln, als Kind aber war er jahrelang in der Schweiz. Während er erzählt, lässt er das Abzeichen halb fertig baumeln. Am Ende seiner Erzählung gefällt ihm die Schweiz nicht mehr und das Abzeichen auch nicht.

Schließlich ein korpulentes Dämchen, das auf sich hält und lauter altmodische Rüschen am Körper trägt: um die Handgelenke, um die Knie, um den Kragen. Das ist keine Ironie, sondern nur das Spielerische an ihr. Trotzdem keine Kostverächterin, vielmehr eine stattliche Fünfzigjährige, spät emanzipiert, aber ohne Sendungsbewußtsein. Nachdem wir lange in selber Schrittgeschwindigkeit nebeneinanderher gelaufen sind, reden wir einfach. Sie hat sich aufregen müssen heute, man sieht es ihr an. Aber noch fehlen ihr die Begriffe.

Sie ist Lehrerin. Das Problemkind ihrer »Vertrauensklasse«, so heißt das, ist eine Vierzehnjährige mit großem Busen. Als sie zwei Jahre zuvor auf dem Klo mit einer Zigarette erwischt wurde, brach sie in Tränen aus und in einen Redeschwall, der sich bis zu dem Satz steigerte: »Lassen Sie mich doch! Ich war das ungewollteste Kind!«

Seitdem wird sie »geschont«. Aber bekommt ihr das?

Die Lehrerin geht jetzt langsamer und sieht mich prüfend an. Heute nämlich ist es passiert.

»Wissen Sie, was sie mir auf eine einfache Frage antwortete, auf die Frage nach ihrem liebsten Hobby: Selbstbefriedigung!«

Die Lehrerin hat auch ihre Sünden hinter sich. Sie gehört zu den Frauen, die gerne Sätze sagen wie: Heute mit über vierzig fühle ich mich in meinem Körper viel wohler. Das sieht man dem Körper nicht an. Außerdem wollte ihr eine Antwort vor dem Mädchen trotzdem nicht einfallen, bis jetzt nicht. Deshalb kuckt sie routiniert vorwurfsvoll.

Die Kleine aber hatte nur lauthals weitergeschmollt, als klage sie ihre Menschenrechte ein: »Ich spiele halt gerne mit mir!«

Vor Jahren begründete der Buckingham Palace seine Vorliebe für schwule Bedienstete mit dem Satz, Homosexuelle würden weniger klappern. Mag sein.

In Münster habe ich eine Freundin im Krankenhaus besucht, die Oberschwester. Auch der schwule Pfleger Bernulph, als einziger Mann unter Schwestern, arbeitet dort hingebungsvoll. Wenn er das Bettgeschirr wechselt, die Tabletts abräumt, das kennt kein Klirren. Wie er die Laken wechselt, die alten Mütter in den Arm nimmt, das hat so viel Zärtliches! Den Rollstuhl nennen sie »Rolls-Royce«, die Medizin ihren »Whiskey«, die Toilette ihr »Thrönchen«.

Auch redet er so exaltiert und gestikuliert wie ein Opernsänger: Natürlich haben die Schwestern schon an seinem ersten Arbeitstag alles begriffen. Seine Heimlichtuerei aber ärgert sie und so wetteifern sie hinter seinem Rücken mit immer neuen Provokationen seiner schwulen Verhaltensformen. Zu seinem Namenstag am 24. März empfangen sie ihn mit einer Flasche Fürst Metternich und prosten ihm zu: »Stößchen!« »Stößchen!«, Dann darf er die Geschenke auspacken, lauter Haushaltsgeräte in Seidenpapier, und jedes Mal, wenn Bernulph ausruft: »Ein

Teischschaber, nä, den habbisch mir immer schon gewünscht!«, muß sich eine wegwenden, so doll schüttelt sie das Lachen.

Aber er ist auch Pragmatiker. Wenn er die Leichen in den Keller fahren muss, rettet er vorher gern ihre Frühstückseier in seine Kitteltaschen. Der Tod ist traurig, aber deshalb muß ja nicht noch mehr umkommen. Einmal fand ihn Schwester Julia ganz versonnen an einem Tisch im Leichenkeller. Sein Löffelchen kreiste über den zwei Eiern und er grüßte sie laut: »Na, ihr zwei beiden!«

Manchmal werden Menschen ganz unbemerkt von der Strömung ihres Alltags erfaßt und immer weiter hinausgezogen. Erst erscheinen sie nur wunderlich, Jahre später leben sie schon außerhalb der kausalen Welt. Am Ende werden sie sinnlos und zerstören ihre Existenz, und alle anderen haben das Gefühl, dieses Leben nur gestreift zu haben. Dann kommen abends im Fernsehen die Straße, in der sie gelebt haben, das Haus mit heruntergelassenen Jalousien, den Kästen für die Mülltonnen, und die Nachbarn stehen in ihrem Vorgarten und sagen, daß es sich bei dem Amokläufer um einen freundlichen, unauffälligen Mann gehandelt hat.

Vielleicht war es das »Stößchen«, vielleicht der »Schaumlöffel« oder das letzte Frühstücksei, irgendetwas jedenfalls hat die Implosion ausgelöst. Oder alles bleibt still, und noch in dreißig Jahren werden die Flure des Krankenhauses einmal jährlich beseelt von dem Satz: »Ein Schneebesen, isch krisch misch nisch mehr ein!«

Die flockig aufgewühlten Wolken bewegen sich kaum. Es wird eben Mittag, aber wir fahren wie unter Tag. Das Licht im Waggon ist gelb, der Fluß, weit über die Ufer getreten, verschwindet unter den Sträuchern. Auf den Anhöhen stehen die Menschen mit den Händen in den Taschen und schauen untätig zu.

Die Gespräche unter Fremden im Speisewagen beginnen immer damit, dass man sich in der reflektierenden Scheibe mustert. Das geht hin und her: Man blickt einander an, blickt durch den anderen hindurch, schweift in die Landschaft, kommt zum Gesicht auf der Scheibe zurück und beim nächsten Tunnel hängen die Blicke unweigerlich aufeinander.

In dieser Situation fragt die schwarz gekleidete junge Frau im Speisewagen mit Blick auf meinen Teller: »Können Sie die Topfenpalatschinken empfehlen?«

Die Topfenpalatschinken, genau gesagt handelt es sich um zwei puderzuckerbestreute Crêpe-Rollen mit Vanille-quark-Füllung, haben in deutschen Speisewagen erst Einzug genommen, als die Deutsche Schlafwagen Gesellschaft – »das DSG-Team wird Sie im Speisewagen gerne erwarten« – der »Mitropa« weichen mußte. Keine Verbesserung übrigens, auch sprachlich nicht, denn jetzt kann es Ihnen passieren, dass die Kellner an den Tisch treten und fragen: »Was kann ich Ihnen noch Schönes antun?« Vielleicht lernen sie das auf der Mitropa-Kellnerschule oder sie halten mich für schwul, aber ich habe mir was »Schönes« immer anders vorgestellt als alles, was die Mitropa im Angebot hat.

Der Topfenpalatschinken aber ist da zumindest ein Vorschlag zur Güte, auch wenn er manchmal unter dem Beigeschmack der Konservierungsmittel leidet, und auch die kokett hingetupfte, aber völlig geschmacklose, wasserlösliche Sprühsahne ist ein Unding. Allerdings sagen die Kellner dem Topfenpalatschinken gerne nach, er sei »leider gerade aus«, die nächste Lüge, denn er ist nur ein wenig komplizierter zu erhitzen und wenn man schon erkennt, daß er außen wie Leiche aussieht, kann man gleich damit rechnen, daß die Vanillecreme innen noch halb gefroren ist.

Jedenfalls habe ich die Topfenpalatschinken empfohlen, und natürlich waren sie »leider gerade aus«. Grausam, war die Frau doch ohnehin in Trauer, hatte vor wenigen Stunden, begleitet von ihrer Schwester, die eigene Mutter per Urnenbestattung verabschiedet. Und jetzt sind auch die Palatschinken »aus«.

Das Verhältnis der Mutter zu den Töchtern sei immer ein ganz besonderes gewesen, sagt sie ungefragt.

»Inwiefern?«

Na, zum Beispiel war die Mutter zu ihren beiden Töchtern immer wie eine ältere Schwester gewesen. Ein Satz, den man oft gehört hat.

»Zum Beispiel haben wir vor ein paar Jahren ihren 50. Geburtstag gefeiert, und da hat sie die Maren und mich plötzlich ins Nebenzimmer geholt und ganz feierlich die Tür zugemacht. Dann hat sie uns gesagt: Ich habe diesen Freudentag gewählt, um euch zu gestehen, daß ich heute in Wirklichkeit schon 60 Jahre alt werde.«

Eine Katastrophe für die Töchter. Zehn Jahre Mutter waren ihnen mit einem Schlag entrissen. So hatten sie sich seit dem Tag dauernd mit ihrem Alter, ihrem möglichen Tod beschäftigt. Eine Entfremdung schlich sich ein, auch wenn sie mit der Mutter bis zuletzt oberflächlich gut lachen konnten.

»Für uns hat sie an diesem Geburtstag zu sterben begonnen. Aber nun stellen Sie sich vor: Als wir beiden heute Morgen auf dem Friedhof ankommen, steht auf diesem schwarz verhüllten Podest schon der Behälter mit ihrer Asche, und der Mann vom Beerdigungsinstitut, so ein säuerlicher im Arbeitsanzug, steht daneben, sieht uns

kommen, blickt auf die Uhr und fragt: ›Gehören Sie zu
der Urne?‹«

Gravitätisch, doch nicht ohne Mißtrauen, nähert sich der
Sommerfrischler samt Fotoapparat dem Meer. Als müsse
er sich anpirschen, ihm eine Trophäe abtrotzen, es dabei
nicht aus den Augen lassen. Er hebt die Kamera, die am
Bändel noch im Brusthaar baumelt und auf deren Rückseite das schweißnasse Haar Eisblumenmuster hinterlassen hat, und betritt das Meer wie einen Bettvorleger.
    Aha. Kamera absetzen. Motiv suchen. Den Horizont.
Die türkisfarbene Witwe mit Schwimmflügeln. Die einsam davontreibende Luftmatratze. Die ferne Boje wie der
rote Punkt auf einem Corot. Jaja, das gegerbte Fell angejahrter Strandnixen, die weiß gewaschenen Rundhölzer
des Strandguts, wie der Schmutzrand der ausgelaufenen
Badewanne, und es riecht »wie von jahrelang eingesoge-
nem Sonnenbrande«, würde Peter Altenberg sagen.
    Weil der Mensch solche Angst hat vor der Wucht des
Meeres, nennt er das mutwillige Gewässer den »Stillen
Ozean«. Magie der Sprache: Er ist gar nicht still, es sei
denn, er liegt dir zu Füßen, niederfotografiert und in einen überschaubaren, quadratischen Bildausschnitt gebracht. Also den Sucher vor das Auge – um was zu suchen?
    Kann man die Unendlichkeit des Meeres schon nicht
beherrschen, bannt man sie in ein Viereck. So hat auch
der Nichtschwimmer Macht über das Element. Läßt man
aber die Horizontlinie draußen, wirkt das große Wasser
gleich wie ein Whirlpool und umspielt nur die Planschen-
den.
    Doch ein Poseidon steckt in jedem Mann, der mit sei-
nem Touristenkörper die Brandung bricht und im

Schleppnetz seiner Badehose Fischlein fangen kann, und jede Touristin, die sich im erschütternden Einteiler zu Wasser läßt, wird dort auch ein wenig zur Schaumgeborenen. Das Verruchte, das manchmal sehr tief im Urlaubsreisenden schlummert – in der Berührung mit dem Meer wird es wach und bringt Menschen dazu, sich lasziv in der Gischt zu räkeln, als gäbe es keine Sünde auf der Welt. Vom Meer lassen sie sich schamlos überall bezüngeln, und manche bleiben wegen dieser Zudringlichkeit auch schon nach wenigen Schritten stehen, gebannt von der eigenen Schutzlosigkeit. Oder sie genießen es, eine Ewigkeit lang, unbewegt.

Ja, es liegt etwas Williges, geradezu Verkommenes in der Art, wie sich Sommerfrischler dem Meer ausliefern, ist es doch ein wenig wie sie selbst, voll ungeahnter Wucht und Entfesselung, und während der Mann mit seiner Kamera vorsichtig, Schritt für Schritt, den Rückweg antritt, beflügelt ihn die Empfindung, daß er mit dem Meer auch ein wenig sich selbst fotografiert.

Auf der Karte hatte es so ausgesehen, als läge Wilhelmshaven am Meer. Wenn man dort ankommt, sieht man, Wilhelmshaven liegt an einer Einkaufsstraße, und die Gleisanlage der Bahn erreicht man durch eine Öffnung in der Wand einer Ladenpassage. 15.000 Menschen haben die Stadt in letzter Zeit verlassen. Doch warum? Es gibt »Wal Mart«, Afrika Shops und Gummibäume, es gibt Kunst am Bau und »Agilis«, das »Bewegungszentrum«, die Atemluft hat einen Sponsor und überernährte Schulkinder reiten auf unterernährten Pferden.

Trotzdem gehen die Menschen über die Straße, als erwarteten sie nichts von ihrem Nächsten, nichts von einem Blick, einer Farbe, einem Geruch, nichts vom Gespräch.

Und trotzdem bewegen sie sich, an Hitlers U-Boot-Hafen vorbei, ans Meer und lassen sich heilen, vom Anblick schmaler Rabatten, zwei Reihen Strandkörben vor grauem Meer.

Die meisten werden lustiger, wenn sie sich ins Wasser lassen, und rufen entweder: »kalt« oder: »schweinekalt« ans Ufer, machen schnaubende oder röchelnde Geräusche, von der Distanz getäuscht über die Akustik, die jede Silbe sicher ans Ufer trägt: »Gerlinde, hier kannste stehen!«, »Ich hab Kekse mit!«, »Das ist so geil, das packste nicht!« Dann planschen sie ans Ufer und diskutieren die Lichtschutzfaktoren.

Besonders schön sind die Alten. Die Köhnlechner-Doppelgänger liegen fast nackt, wie plastiniert, im Gras und lassen Luft an den Leib. Andere schleppen wahre Antiquitäten an den Strand, Textilien, aus denen sich fünfzig Jahre bundesrepublikanische Bademoden rekonstruieren ließen. Der Eros stirbt im Einteiler, aber mancher Schwimm-Anzug wirkt noch wie aus den Küchenvorhängen der Adenauer-Ära geschneidert, andere sind bizarr wie etruskische Grabbeigaben. Am schönsten aber ist das Bild, wenn eine Herde von fünfzig bunten Bojen im Wellengang schaukelt und man erst beim Nähertreten erkennt: Dies sind die Badekappen von Senioren, die der Tidenhub bewegt.

Versöhnt von diesem Bild eile ich zurück in die Stadt, finde sogar das Loch in der Ladenpassage, durch das man den Bahnsteig betritt, springe, begleitet von zwei Japanern, dem stehenden Zug entgegen, als der Zugchef grinsend aus dem Fenster winkt und anfährt. Die Uhr zeigt sechs Sekunden nach der Zwölf. Pünktlichkeit ist unser Auftrag.

Der nächste Zug fährt in einer Stunde. Er wird dreißig

Minuten Verspätung haben. Die Japaner haben sich in Hitlers U-Boot-Becken ertränkt. Zur Erholung besuche ich ein Parkhaus.

Aurora mit dem Sonnenstern: ins Hohlkreuz gehen und ihr beide Arme entgegenstrecken, nackt wie »Fidus, der Lichtgläubige«, wie die nudistischen Freiluftübungen zur Zeit des Faschismus, nahtlos braun. So näherte sich die Seele der Sonne. Noch tanzten die Menschen ihre heidnischen Begattungstänze, und der nackte Athlet reckte sich stolz in das himmlische Flutlicht.

Heute ist das Licht gleißender, doch das Verhältnis zum Menschen abgekühlt. Selbst der Sommerfrischler ist jetzt pragmatisch: Die Sonne scheint, damit wir eine Brillenmode gegen sie haben und einen Lichtschutzfaktor und eine Anti-Allergen-Salbe. Dass man sich gegen die Sonne einschmieren muss, das ist schon fast das Beste an ihr.

Wir kultivieren nur noch defensives Sonnenbaden. Auf älteren Fotos dagegen räkeln sich die Menschen noch einladend ins Licht, ihre Hingabe hat etwas Anstößiges, sie wollen von der Sonne »genommen« werden. So lustvoll war das mal, in den alten Zeiten der Menschheitsgeschichte. Dieses Rotieren und Sich-Anbieten, dieses Beinespreizen, Alle-viere-von-sich-Strecken, diese Willenlosigkeit! Junge Menschen drückten vor der Sonne Verschwendung aus, Alte kauern sich noch heute gebückt und abgewandt. Wie angespült liegen sie da.

Und wenn sie eine Weile so ausgeharrt haben, wenn das Motiv zum Stillstand gekommen ist und der Fotograf seinen indezenten Schnappschuß gemacht hat, dann liegen sie meist schon zu lange, sind erst schwach, dann verdrießlich geworden. Sonne und Mißmut haben ihnen Haut und Seele vaporisiert, und so schauen sie aus ihrem

Erholungsfoto grämlich heraus, duldungsstarr, von nichts erschöpft, und werden zuletzt selbst von der Sonne irgendwie nur noch schief beschienen.

Frisches, feuchtes Spätsommerwetter, noch bevor der Sommer strahlend gewesen ist. An den Straßenrändern und in den Wegbiegungen des Berges kleine, klare Wasserausgießungen, daneben gehärtete Erdschichten, gestaffelt wie in Opal. Trotzdem hängt zwischen den Häusern manchmal warm der Geruch gekochter Kartoffeln und dicker, brauner Sauce.

In den Hang neben der Straße treiben sie handbreite Stollen, leiten das Wasser, schwemmen die Dämme an, trüben das Rinnsal mit geschleudertem Kies. Große, blonde Mädchenaugen, um die eine vorsichtige, mundoffene Dummheit wie geahnte Erregung schwimmt; die Jungen, ein dicker besonders, gewalttätig, mit rosigen Wangen, schwarzem Haar und einer trotzig und böse vor der Brust des anderen zusammengequetschten Faust. In manchen Gesichtern steht nichts. Aber es kommt. In manchen Mädchengesichtern ein Respekt ohne Gegenstand. Eine Gruppe Kinder an einem aufsteigenden Straßenrand. Sie spielen Russland. Ihre Phantasie ist eine Erinnerung, die nicht in die Gesichter paßt.

Wenn ich abends ins Hotel komme, ist es schon die Stunde tiefer Dämmerung, mit Blau und Dunkelblau am Himmel, mit Blauschwarz und Schattenblau verhängt das Firmament sein schimmerndes Pastell. Lichter gehen an, Schwalben und andere kleine Vögel tanzen bis zuletzt zwischen den Häusern und eine einzelne Mücke swingt ins offene Fenster. In der Ferne kommen viele Autolichter schlängelnd eine Bergstraße herab, als kehrten sie heim von außerhalb der Welt, so seltsam sind sie mir, der nur das Stadtpflaster kennt. Gegenüber fegt eine Frau ihren Balkon, schlägt eine Fußmatte aus, nahebei steigt ein Mädchen, das gerade gebadet hat, in ihre Hose, schüttelt die Haare vor dem Spiegel, befühlt ihr Gesicht, ein Hund bellt, der ferne Autolärm rauscht nur noch.

So ein Ort ist geronnene Regelmäßigkeit. Geht man oft genug diesen Weg, wird eine Straße draus. Setzt man sich oft genug ins Gras, entsteht eine Bank. In der Wiederholung wird die Infrastruktur, ja selbst die Architektur geboren, und die Straßenlampen gehen an, damit die Kinder wissen, wann sie nach Hause müssen. Wo es das gibt, müssen noch Männer leben, die viel durchgemacht haben, und Hausfrauen, die nackt dem Postboten öffnen.

So bleibt am Ende das schöne Bild, bleibt die Landschaft. So nutzlos, wie sie ist, fordert sie ein anderes Verhalten als fast alle übrigen Lebensbereiche. Sie sondert keine Signale ab, keine Botschaften, keine Kaufanreize. Ihr Einfluß auf den Menschen ist nicht mehr groß. Was soll man nur mit ihr machen?

Liebespaar im Zug, verknäuelt wie Laokoon.

Sie schiebt sein Hosenbein hoch, entblößt eine weiße Wade, streicht erst mit dem Verlauf der Haare, dann gegen sie, hält ein, wiegt seine Wade in der hohlen Hand. Dann:

»Man kann sich gar nicht vorstellen, daß die mal tot sein soll.«

»Du meinst tot?«

»Ja.«

Er sieht sich seine Wade an. Kann nichts daran entdecken, sucht mit offenem Mund ihren Mund, zischt, kurz vor der Berührung:

»Ich liebe dich …«

Sie läßt ihn ihre Zunge ansaugen, befreit sich:

»Und ich dich und mich.«

Er setzt nach, aber mit der Linken zieht er gleichzeitig das Hosenbein über die Wade. Während des Küssens muß er nachgedacht haben. Jedenfalls schickt er noch einen Satz hinterher:

»Du weißt, wie das endet: aus guten Gründen tot.«

Sie lacht. Er imponiert ihr. Aber das ist sofort vorbei, als sein Handy klingelt und er immer noch so seinen Gedanken nachhängt, daß er sich mit »Wiedersehen« meldet.